Brigitte Brzeski, geboren 1954, von Beruf Kinderkrankenschwester, verheiratet mit
Helmut Brzeski, geboren 1942, von Beruf Garten-und Landschaftsbauer.
2011 wurden wir mit der Diagnose Demenz konfrontiert, was eine „Schlagartige Veränderung"
des Lebens bedeutete.
Bis zu dem Zeitpunkt war mein Mann Helmut ein selbständiger, arbeitsamer, sportlicher Typ.
Zu dem Zeitpunkt können wir alles noch gemeinsam entscheiden und organisieren.
Im Verlauf der Krankheit bemerkt er selbst, wie die Krankheit ihn verändert.
Oft kommt die Äußerung: ich bin langsam zu doof, um mich zu äußern.

Ich, die Ehefrau, nimmt oder will es nicht wahrhaben, dass mein Mann sich sehr verändert hat. Betriebsblind würde ich sagen, bis zu dem Tag, wo nichts mehr ging.
Die Diagnose Demenz hat mich völlig umgehauen. Wie gehe ich damit um, was müssen wir regeln?
Das ganze Leben ändert sich von heute auf morgen.
Ich lerne Hilfe anzunehmen, auch loszulassen, was mir nicht immer leichtfiel.

Vorwort

Mit diesem Buch, was ich anhand meiner Tagebuchaufzeichnungen geschrieben habe, will ich einmal mehr meine Gedanken, meine Hilflosigkeit, meine Wut, aber auch die Auseinandersetzung, die Akzeptanz und den Umgang mit der Diagnose Demenz beschreiben.

Man spricht, wenn man nicht betroffen ist, unbedarft darüber-jaja-macht Witze und gut ist. **Betrifft mich!!! nicht.**

Im Laufe der Zeit habe ich festgestellt, dass nicht nur die Krankheit das Schlimmste ist mit der man sich auseinandersetzen muss, sondern die Rahmenbedingungen, wie Krankenkasse, MDK und Arbeitgeber.

Ich habe den Verlauf aus der Sicht meines Mannes und meiner Sicht als Ehefrau niedergeschrieben.

Es zeigt die täglichen Schwierigkeiten auf, die Veränderungen im Wesen, sowohl des Betroffenen, als auch meinerseits.

Ein nie endender Kampf, aber man hat trotz aller Widrigkeiten auch schöne Momente und vor allem muss man es annehmen, sonst gestaltet sich alles noch schwieriger.

Wir waren in 2016 beide krank und ehrlich gesagt hat mich das noch mehr zum Nachdenken gebracht. Es machte mir auch etwas Angst, denn bei der derzeitigen Entwicklung im Gesundheitssystem, wird mir bange.

Für mich sehe ich es nochmal als eine Herausforderung zur Neuorientierung, was ich im jetzigen Lebensabschnitt noch tun kann, um anderen Mut zu machen und zu unterstützen.

1

Meine Kindheit

Ich, Brigitte Brzeski, wurde im Nov. 1954 geboren, das heißersehnte Mädchen der Familie Graf.
Ich hatte schon einen älteren Bruder namens Erwin u. nach mir kam noch mein Bruder Joachim.
Wir wuchsen in einer Großfamilie auf, das heißt unsere Großeltern mütterlicherseits lebten mit uns.
Meine Großmutter war blind u. bettlägerig, also ein Pflegefall. Zur damaligen Zeit gab es noch
keine so organisierten Pflegedienste wie heute.
Es kam die Stadtschwester jeden Morgen bei Wind u. Wetter mit dem Hollandrad und den Rest
der Versorgung und Betreuung übernahm die Familie.
Als Kind hat man es nicht als Stress gesehen - es war völlig normal und ging auch
dementsprechend damit um.
Im Alter von acht Jahren wurde ich zum ersten Mal mit dem Tod konfrontiert, da meine
Großmutter zu Hause gestorben ist.
Sie verstarb am 22. Dez. und wurde am 24. beerdigt- keine schöne Erinnerung und ich habe auch
lange mit der Angst vor dem Tod gelebt. Auch Friedhofsbesuche waren ein Gräuel.
Die größte Veränderung, für mich eine Katastrophe, war der Umzug von der Stadt auf`s Land,
da meine Eltern ein Eigenheim erworben hatten.
Man ließ so viel zurück-die Freundinnen, seine Schulkameradinnen, die gewohnte Umgebung.
Die Eingewöhnungszeit gestaltete sich sehr schwierig-ich war unglücklich und gab meinen Eltern
die Schuld an meinem Unglück.

Dies änderte sich, als ich meine Schulfreundin Heidi kennenlernte. Wir haben viel zusammen
unternommen und waren unzertrennlich bis wir aus der Schule entlassen wurden und wir unsere
Ausbildung begonnen haben.
Sie zur Steuerberaterin ich zur Kinderkrankenschwester- mein absoluter Traumberuf.
Jede von uns ging in eine andere Richtung und wir verloren uns langsam aus den Augen.
Heute wird mir noch deutlicher, dass meine Entscheidung und auch meine Hartnäckigkeit diesen Beruf zu erlernen richtig war.
Es kommt mir in meiner heutigen Situation sehr zu gute.

2

Das Erwachsenwerden

Im Sommer 1974 sollte sich mein Leben schlagartig ändern. Ich lernte meinen heutigen Mann Helmut Felix kennen, den ich eigentlich schon länger vom Sehen her kannte, ihn seinerzeit aber ziemlich arrogant fand.

Schmetterlinge im Bauch, Ärger zu Hause, der Mann ist ja 12 Jahre älter -geht gar nicht.

Konsequenz meinerseits -zu Hause ausziehen und kämpfen für das woran ich glaube und wovon ich auch überzeugt bin.

Nach einem Jahr haben wir geheiratet u. es sind heute 41 Jahre entgegen aller Unkenrufe.

Mein Mann, gelernter Garten- und Landschaftsbauer, hat sich selbständig gemacht und ich habe mich auch mit dieser Materie vertraut gemacht.

Das Leben verlief mit allen Höhen und Tiefen, wie es in jeder Familie ist.

Leider sind wir kinderlos geblieben, trotz aller medizinischen Unterstützung; auch damit muss man leben und zurechtkommen.

Durch meinen Beruf und mein Arbeitsfeld hatte und habe ich immer mit Neugeborenen und ihren Müttern zu tun.

Gott sei Dank weiß man nicht, was das Leben so bringt und wenn man eine Hürde genommen hat, hofft man es bleibt gut.

Tut es aber nicht-es wartet schon das nächste Problem und man fragt sich, warum schon wieder wir- ich-wieviel Prüfungen kommen noch.

Meine größte Prüfung sollte noch kommen............

Das Leben ist immer wieder überraschend

Vor langer Zeit bekam ich ein Video gemailt, was mich sehr berührt hat und so treffend ist!!!!!!
Vor langer Zeit las ich ein Buch, worin das Leben mit einer Zugreise verglichen wurde-eine interessante Lektüre, die mich zum Nachdenken, aber auch zum Weinen gebracht hat.

Der Zug des Lebens

Das Leben ist wie eine Reise im Zug. Man steigt oft ein und aus, es gibt Unfälle, bei manchen Aufenthalten angenehme Überraschungen und tiefe Traurigkeit bei anderen.
Wenn wir geboren werden und in den Zug einsteigen, treffen wir Menschen, von denen wir glauben, dass sie uns während unserer ganzen Reise begleiten werden: unsere Eltern.
Leider ist die Wahrheit eine andere.
Sie steigen bei einer Station aus und lassen uns ohne ihre Liebe und Zuneigung, ohne ihre Freundschaft und Gesellschaft zurück.
Allerdings steigen andere Personen, die für uns sehr wichtig werden, in den Zug ein.
Es sind unsere Geschwister, unsere Freunde und diese wunderbaren Menschen, die wir lieben.
Manche dieser Personen die einsteigen, betrachten die Reise als kleinen Spaziergang.
Andere finden nur Traurigkeit auf ihrer Reise.
Und es gibt wieder andere im Zug, die immer da und bereit sind, denen zu helfen, die es brauchen.
Manche hinterlassen beim Aussteigen eine immerwährende Sehnsucht.........
Manche steigen ein und wieder aus, und wir haben sie kaum bemerkt.
Es erstaunt uns, dass manche der Passagiere, die wir am liebsten haben, sich in einen anderen Wagon setzen und uns die Reise in diesem Abschnitt alleine machen lassen.

Selbstverständlich lassen wir uns nicht davon abhalten, die Mühe auf uns zu nehmen, sie zu suchen und uns zu ihrem Wagon durchzukämpfen.
Leider können wir uns manchmal nicht zu ihnen setzen, da der Platz an ihrer Seite schon besetzt ist.

Macht nichts, so ist die Reise: voll von Herausforderungen, Träumen, Fantasien, Hoffnungen und Abschieden.............. aber ohne Rückkehr.
Also machen wir die Reise auf die bestmögliche Weise.
Versuchen wir mit unseren Mitreisenden gut auszukommen und suchen wir das Beste in jedem von ihnen.
Erinnern wir uns daran, dass in jedem Abschnitt der Strecke einer der Gefährten schwanken kann und möglicherweise unser Verständnis braucht.
Auch werden wir öfter schwanken und es wird jemanden geben, der uns versteht.
Das große Mysterium der Reise ist, dass wir nicht wissen, wann wir endgültig aussteigen werden und genauso wenig, wann unsere Mitreisenden aussteigen werden, nicht einmal der, der gleich neben uns sitzt.

Ich glaube ich werde wehmütig sein, wenn ich aus dem Zug für immer aussteige..........Ja das glaube ich.
Die Trennung von einigen Freunden, die ich während meiner Reise traf, wird schmerzhaft sein.
Meine Liebsten allein zu lassen, wird sehr traurig sein.
Aber ich habe die Hoffnung, dass irgendwann der Zentralbahnhof kommt, und ich das Gefühl habe, sie ankommen zu sehen, mit Gepäck, das sie beim Einsteigen noch nicht hatten.
Was mich glücklich machen wird, ist der Gedanke, dass ich mitgeholfen habe ihr Gepäck zu vermehren und wertvoller zu machen.

Ihr meine Freunde, schauen wir darauf, dass wir eine gute Reise haben und dass sich am Ende die Mühe gelohnt hat.
Versuchen wir, dass wir beim Aussteigen einen leeren Sitz zurücklassen, der Sehnsucht und schöne Erinnerungen bei den Weiterreisenden hinterlässt. Denen, die ein Teil meines Zuges sind, wünsche ich

Gute Reise

Quelle: Radu Mihaileanu

3

Das Leben ist immer wieder neu und überraschend.
….neu meint man zumindest-überraschend nicht so wirklich, denn manches schleicht sich an und ein, man selbst wird betriebsblind, weil man will es ja nicht wahrhaben.
Es folgt dann der sogenannte große Knall.
Rückblickend würde ich sagen, begannen die Veränderungen 2010.
Mein Helmut spinnt sich verrückte Sachen zusammen. Ich höre hin - lege es ab-Diskussion zwecklos.
Er ist nörgelig-hat immer etwas zu meckern-ist unausstehlich. Je mehr ich für ihn tue, umso blöder wird er-ich könnte ihn erwürgen-am besten links liegen lassen.
Es kommen urologische Probleme dazu und es gestaltet sich schwierig ihn dazu zu bewegen sich operieren zu lassen.
Erster Krankenhausaufenthalt nach erstem Eingriff abgebrochen -er sitzt auf gepackten Sachen und lässt sich auch nicht umstimmen.
Nächster Krankenhausaufenthalt-Operation durchgeführt- auch nach 3 Tagen wieder nach Hause.
Im August hat er einen Arbeitsunfall mit der Motorsäge; dabei wurde der linke Mittelfinger zerquetscht-Notoperation.
Die Blasenprobleme nehmen zu und auch die Rückenschmerzen melden sich wieder.
Zur neurologischen Abklärung geht er ins Krankenhaus und er bricht diesen Aufenthalt auch wieder ab - sitzt dieses Mal schon mit gepackten Sachen auf dem Parkplatz.
Es ist nicht zu glauben- ich nehme es so hin.

4.1

2011
Mein Helmut ist wechsellaunig und ich schiebe es auf die Inkontinenz –trotz Botox Behandlung ändert sich nichts so wirklich.
2. Urologen Meinung einholen- abwarten- da das Botox erst abgebaut sein muss.
Es entwickelt sich weiter und ich bin immer noch blind und zuversichtlich.
Ein Unglück kommt selten allein-Helmut verbrüht sich an den Oberschenkeln mit der Wärmflasche und durch die Inkontinenz mazeriert das Ganze. Habe es nicht mitbekommen bis zu dem Tag an dem ich dann fast kollabiert bin. Hautfetzen hingen herunter es deutete sich ein Loch an. Da er ja partout nicht zum Doktor wollte erst einmal Selbstbehandlung. Es geht kein Weg daran vorbei-wir mussten zum Chirurgen. Dieser wies Helmut darauf hin, dass er eigentlich mal ins Krankenhaus gehen sollte-wollte er aber nicht. Wir behandelten alles wie besprochen u. die oberflächlichen Wunden heilten ganz gut ab. Das tiefe Loch, was aussah als wollte man eine „Calzone „füllen, würde seine Zeit dauern bis es zu ist.
Es kam Pfingsten und gleichzeitig ein neuer Schub. Er wurde von allen verfolgt und ich war in seinen Augen das " Letzte „.
Meine Kraft ist bald aufgebraucht.
Es wurde wieder für ein paar Tage entspannter- dann kamen wieder große Stimmungsschwankungen- Vergesslichkeit von einfachen Dingen-Dinge unterstellen-Aggressivität-Rechthaberei.
Ich war selbst kurz davor einfach nur zu schreien. Es hat mich alles sehr angestrengt.
In dieser Situation möchte man nur fliehen!!!
Am 7.7.2011 war meine Kraft zu Ende.
Habe mir Hilfe bei der leitenden Oberärztin der Psychiatrie geholt.
Bin völlig zusammengebrochen.

Es wurden alle Maßnahmen besprochen, die Vorgehensweise hat mich völlig geschockt, aber es gab keine andere Wahl. Wie man so schön sagt: Hopp oder top.
Meine Freundin Elke ist mit mir nach Hause gefahren, wo schon die Polizei und ein Sozialarbeiter warteten.
Nein- nein- nein welch Auflauf. Ich habe die Haustür aufgeschlossen und Helmut war völlig überrumpe t. Ich habe mich zurückgezogen und ich saß mit Elke total verstört-verängstigt wie ein gejagtes Kaninchen in seinem Bau. Man wartete auf den Krankenwagen und es dauerte und dauerte. Zwischendurch hat man uns informiert und es lief im Grunde alles ruhig ab.

4.2

Helmut kam in die Psychiatrie-geschlossene Abteilung.
Es sollte eine schlimme Zeit folgen.
Auf und ab der Gefühle - Zustand mal gut mal schlecht. Es gab so viel zu regeln- hatte einen Krankenschein um Kraft zu sammeln. Bekam Unterstützung von allen Seiten und ich war mir sicher, diese Hürde auch zu schaffen. Es hieß jetzt erst einmal für mich zu sorgen.
Nach 5 schlimmen Wochen wurde Helmut entlassen und jetzt mussten wir erstmal sehen, wie wir mit der neuen Lebenssituation umgehen.
Helmut musste sich zu Hause erstmal wieder einfinden – er war in der ersten Zeit sehr nachtaktiv –hatte Hunger –also auf Wunsch auch schon mal Spiegeleier in der Nacht braten. Das Ganze hat sich dann nach einiger Zeit relativiert und es kam wieder ein normaler Tagesablauf zustande. Ich persönlich habe die Zeit für ihn als private Kur betrachtet.
Es gab auch viel zu regeln und was man alles bedenken muss ist schon heftig. Patientenvollmacht, Vorsorgevollmacht, Testament Erneuerung, Kontenvollmacht u. u. u.
Da wir keine Kinder haben, muss man erstmal überlegen, wem vertraue ich und übernimmt derjenige auch diese Aufgabe!!?
Vor langer Zeit, als dies alles noch nicht in Sicht war, hatte ich in dieser Hinsicht schon ein Gespräch mit meiner besten Freundin Betti geführt. Etwas zu besprechen und dann aber auch die Aufgabe zu übernehmen sind 2 Paar Schuhe.
Aber Gott sei Dank hatten wir einen guten Generationenberater der Bank, der lange und ausführlich mit uns gesprochen hat, uns beratend und hilfreich zur Seite stand.
Ich kann nur jedem empfehlen sich frühzeitig mit diesen Dingen auseinanderzusetzen, denn es muss nicht die Demenz erst kommen, es können auch andere Dinge passieren u. hier war und ist dann auch meine große Angst gewesen, dass man einen

gesetzlichen Betreuer bekommt, wenn nichts geregelt ist-geht gar nicht.
Mein Lernprozess Umgang mit Demenz forderte mich ganz schön. Erschreckend, wenn der eigene Mann fragt, wie dein Name ist, ob man auch hier schläft, wenn du sagst ja, wir sind doch verheiratet und er antwortet: soweit sind wir noch nicht, da schluckt man schon ganz schön.
Was er mir mal gesagt hat und ich mir zu Herzen genommen habe ist: bitte keine Frage mit einer Gegenfrage beantworten!!!
Man lernt mitzuspielen und es ist so, als wärst du selbst ein Unterhaltungsclown. Wenn er „nach Hause" wollte u. man im Grunde ja zu Hause war habe ich ihn ins Auto gepackt und er hat mich eine Runde um den Häuserblock gelotst und war dann zufrieden. So gibt es etliche Dinge, denen man nachgehen kann und man bekommt so schneller wieder Ruhe ins Geschehen.

5

Auf diesem Weg der ganzen Veränderungen und Umstellungen, muss man sich professionelle Hilfe suchen, denn das ganze Leben wird auf den Kopf gestellt und verändert sich drastisch.

Es ist der Umgang mit den Behörden, Krankenkasse, Pflegekasse etc.- man ist ja völlig unwissend-muss alles erfragen und nach Jahren lernt man immer noch dazu, erfährt so manches durch Unterhaltungen mit völlig fremden Leuten, worauf man noch Anspruch hat und worauf man achten muss.

Die Beantragung der Pflegestufe ist auch so ein Thema. Da die Demenz sich in der Anfangsphase ja nicht immer so klar und deutlich zeigt ist es schon etwas schwierig es so wahrzunehmen. Wir haben die Pflegestufe 3-mal beantragt!!!!!- ich kam mir schon völlig blöd vor u. wollte schon eigentlich nach der 2. Ablehnung aufgeben.

Da ich aber von Natur aus nicht zu denjenigen zähle, die schnell den Kopf in den Sand stecken, habe ich dann doch noch den 3. Anlauf in Angriff genommen.

Es hat geklappt. Drei unterschiedliche Personen,3 unterschiedliche Wahrnehmungen, wobei ich persönlich bei dem 3. Besuch das Gefühl hatte, dass man auch als Angehörige mal wahrgenommen wurde und auch gefragt hat, wie man damit umgeht und zurechtkommt.

Auf diesem doch sehr steinigen Weg funktionierst du nur noch, bist froh, wenn alles geregelt und in trockenen Tüchern ist.

Habe mich zur Psychotherapie angemeldet, um professionelle Hilfe und Unterstützung zu bekommen. Ich dachte, was soll ich da nur erzählen oder sagen. Die Frage war schnell beantwortet-die „Schleusentore" öffneten sich ganz von selbst-es sprudelte alles (gefühltes Wirrwarr) nur so heraus. Nach der Stunde war ich schon etwas erleichtert, aber sehr erschöpft.

Meine größte Sorge war immer, dass nichts passieren darf, bis alles notariell Geregelte auch fertig war.

Aber ehe ich mich versah lag ich auf der Intensivstation.

In der Nacht hatte ich fürchterliches Herzrasen, dass selbst mein T-Shirt flatterte, aber wie ich so bin, erstmal abwarten, Rescuetropfen nehmen, wird schon.
Bin dann zum Spätdienst gefahren und dort bin ich zur EKG-Kontrolle gegangen, um einfach eine Kontrolle machen zu lassen, dass auch alles in Ordnung ist. Denkste!!! Herzrhythmusstörungen- Vorhofflimmern – ab auf die Intensivstation. Ich war wie vom Donner gerührt.
Oje, jetzt hieß es erstmal alles organisieren und nicht verrückt werden.
Gott sei Dank habe ich hier nur eine Nacht verbringen müssen u. wurde auf die Internistische Station verlegt, wo dann noch einige Untersuchungen stattfanden.
Mein Sinusrhytmus ist spontan zurückgekommen- man begann mit der Einstellung von Marcumar.
Ich durfte zügig nach Hause, worüber ich sehr froh war, denn mein Helmut vermisste mich doch sehr, obwohl er gut versorgt war.

Ich erholte mich nur langsam – ich steckte voller Angst- ich hatte oft das Gefühl, es erwürgt mich jemand.
Sinnbildlich gesehen musste ich lernen die Autobahn zu verlassen und den Gehweg zu finden und dann höchstens bis zur Straße zu gehen. Ich gab mir größte Mühe- nicht so einfach.
Ein Problem war, dass ich oft dachte in meinem linken Arm passiert etwas und ich auch das Gefühl hatte mein Herz krampft sich unnatürlich zusammen. Wahrscheinlich eine tiefe Angst in mir, dass irgendetwas passieren könnte.
Gott sei Dank hatte ich wieder meine Gesprächstherapie, um dem ganzen auf den Grund zu gehen, damit es aufhört bzw. weggeht.
Mein Krankenschein wurde verlängert.

Ich war nicht mehr die Powerfrau-das war nicht ich!!!!

Hatte dauernd mit irgendwelchen Wehwehchen zu kämpfen.
Krämpfe in Wade und Oberschenkel- stechende mörderische Schmerzen in der Hacke. Heulen war angesagt.
Mein Helmut war zwischendurch wuschelig drauf, das heißt, er vergaß meinen Namen und wusste auch nicht, dass er mit mir verheiratet ist. Tat und tut schon weh.
Um uns mal etwas Abwechslung zu verschaffen besuchten wir Starlight Express in Bochum. Schon auf der Hinfahrt bekam ich wieder Panik-schnappte nach Luft. Am Anfang der Vorstellung war es ganz schlimm, dass ich schon dachte wir müssten die Vorstellung verlassen.
Habe meine Rescuetropfen genommen, gedacht es dauert 40 Minuten-kam mir unendlich vor- es wurde besser und ich konnte es genießen. Wäre auch zu schade gewesen- es war so wunderschön.
Die Sommerzeit ging zu Ende und ich hoffte auf einen schönen Winter.

7

Dann endlich- die Pflegestufe 1 ist genehmigt worden.
Der Start zurück ins „normale „ Leben" begann mit der
Wiedereingliederung-3 Stunden arbeiten pro Tag.
Zwei Tage war ich auf der Station und ich kam mir vor wie im
verkehrten Film. Musste erstmal ankommen-nicht so einfach.
Nächste Hiobsbotschaft seitens des Neurochirurgen- Helmut soll
am Rücken operiert werden, auf Grund seiner Spinalkanalstenose.
Musste das auch wieder verdauen-es riss nicht ab.
Hypernervös und kurzatmig wie ich oft war, beschloss ich
regelmäßig Baldrian zu nehmen-Überbelastung konnte ich gar
nicht vertragen.
Ich überlegte was ein freudiges Ziel sein konnte und beschloss
eine Reise für uns zu planen.
Das Ziel: Frankreich, um das erste Mal meine wiedergefundene
Brieffreundin Marie-Christine aus meiner Schulzeit zu treffen. Wir
waren uns persönlich noch nie begegnet. Die Planung begann und
ich war schon ganz aufgeregt. Wir planten für den Mai.
Küssen unter dem Eiffelturm- das Ziel schlechthin.
Ich hoffte, dass es Helmut dann auch ganz gut geht, vor allem
vom Laufen her.
Meine Devise: wir werden es schon schaffen, so wie wir immer
alles geschafft haben!!!!
Die Wochentage vergingen wie im Flug.
Ich beschloss meine Wiedereingliederung zu verlängern, da ich
rein psychisch mehrere Tonnen an Gewicht auf meinen Schultern
und eigentlich am ganzen Körper mit mir herumgetragen habe.
In meiner Therapiesprechstunde lernte ich entsprechende
Übungen, um es loszuwerden.
Meine Arbeit war teilweise furchtbar. Ich sollte nicht als
Teamleitung fungieren, was sich schwierig gestaltete. Manche
Kollegin erwartete aber auch die alte Brigitte, die ich zu dem
Zeitpunkt nicht war und auch nicht sein konnte- ein schwieriges
Unterfangen-für mich manchmal nicht zum Aushalten.

Lichtblick-Ziel in Sicht- Buchungsbestätigung für das Haus in Bazoches (Frankreich)- juppi.

8

Der Herbst zeigt sich von der besten Seite-das Laub fällt jetzt massiv- wir sind Laubmillionäre-lach.

Wir verbringen die Tage so normal wie möglich, aber wenn der Partner auf einmal wieder nicht weiß, wie du heißt- und ob du auch hier im Haus schläfst-kommt man erstmal wieder ins Schleudern.
Man kann ja leider nicht in den Kopf gucken-man kann sich nur fragen, was geht darin vor. Sch……
Ich fühlte mich, bis auf meine in größerem Abstand kommende Luftnot (Panik wovor?), ganz gut.
Bis der Tag kam als meine Wiedereingliederung unterbrochen wurde. Man war der Meinung ich wäre den Anforderungen und Veränderungen und dem damit verbundenen Druck noch nicht gewachsen.
Ich war total wütend und dachte, was andere so meinen, was für einen gut wäre und die tollen Vorschläge, die mir unterbreitet wurden. Ich war **wütend-wütend-wütend.**
Ich sah es dann erstmal als Urlaub an und dachte, ich werde es ihnen schon zeigen, was ich kann oder nicht „. Habe schon mal schlechtere Zeiten gehabt, wo mich keiner unterstützt hat und ich selbst da herausgefunden habe.
Ich komme gestärkt wieder!!!!!!!!!!!!
Mein Blutdruck spielte ein bisschen verrückt- regte mich innerlich natürlich immer noch auf.
Aber eine Brigitte gibt so leicht nicht auf. Was mich nur ärgerte war, dass ich emotional so leicht angreifbar war.
Je mehr ich überlegt habe, was so vor sich geht, umso mehr war ich in meinem Entschluss bestärkt Paroli zu bieten und es allen zu zeigen.
Werde meine Position nicht verändern-habe nichts verkehrt gemacht-habe **„nur"** einen kranken Mann.

Man fühlt sich irgendwie gleich entwertet, aber ich habe **einen langen Atem und mehr Kraft** als zuvor.
Auf gutes Gelingen!!!!
Meine Wut und Enttäuschung verrauchte- meine Devise-ich bin zu allem zu gebrauchen.
Keiner kann sich anmaßen, er wüsste wie es mir geht und was noch so alles auf mich zukommt.
Am besten bin ich immer damit gefahren mir selbst zu vertrauen und auf mein Bauchgefühl zu hören. **Also auf in den Kampf.**

9

Ich startete in eine neue „Kampfwoche".
Freute mich schon auf meine Therapiestunde bei Dr. D. um meinen ganzen Seelen Müll nochmal loszuwerden und mir Tipps und Tricks zu holen, wie ich mit allem klar komme.
Ich sagte mir immer: **Ich schaffe das. Es ist alles nur in meinem Kopf!**

Meine Luftnotattacken waren weg und ich hoffte sie bleiben da, wo sie sind.
Wir genossen gemeinsam jeden Tag und ich sah es so:
Früh am Morgen ist es herrlich in der nahen ungebundenen Welt.
Die Ersten gehen zur Arbeit und ich darf noch entspannen.
Ich heulte mich auch bei Helmut aus und er hat mich getröstet und ermuntert –toll.

Ziel: Im Januar wieder normal arbeiten gehen.
Wir genossen die Weihnachtszeit und ich habe noch viele Dinge organisiert-z.B. Hausnotruf, höhenverstellbaren Einlegerahmen, Griffe für Dusche und Toilette.
Ich hatte Zeit zum Plätzchen backen- Zeit für Weihnachtsgeschenke-einfach mal Zeit.

Ein Wochenhoroskop-ich musste lachen:
Sie haben Ihre Vitalität wieder gefunden, sind stark und voller Power.
Nunmehr will ihr Glück wahrhaftig geschickt geschmiedet werden.
Die Zeit ist reif, um für ein neues Projekt ein stabiles und sicheres Gerüst zu planen.
Achten sie jedoch bitte darauf, einen Fachmann für die Haken und Ösen ihres Konzeptes ebenfalls aufzusuchen.
Passte ja.

Mein Helmut war mal wieder wuschig -er wusste nicht, wie ich ins Bett gekommen bin und das wir verheiratet sind. Meine Strategie war aus unserem Leben zu erzählen und zu fragen, denn die Dinge konnten nur wir beide wissen.

Er hat Angst vor Trennung bzw., dass ich nicht da bin-es erfüllte ihn mit Traurigkeit.
Wir haben lange geredet.
Ein Spruch des Tages: Verstehen heißt mit dem Herzen hellsehen (Victor Hugo)
Es ist schon eine große Sch…. , aber ich muss sehen, wie ich am besten damit umgehe- schließlich wird es einem nicht in die Wiege gelegt.
Habe überlegt ein Fotobuch zu erstellen- Bilder eingescannt und gestaltet. Kann ich nur empfehlen-ist schon eine Hilfe und wird auch viel genutzt.
Es war so schön, beim nach Hause kommen, es mal von außen durch das Küchenfenster zu beobachten, wie er mit der Betreuerin wieder darin blätterte.
Jeden Tag war etwas auf dem Plan und ich fragte mich: Ende in Sicht?
Musste weiterhin auf meinen Blutdruck achten, da der immer noch so schwankte. War meine Wut noch nicht so ganz los- musste noch daran arbeiten.

Meine Freundin Betti, die für uns sorgt, wenn ich mal außer Gefecht bin, habe ich dann mal gezeigt, wo sie alles Notwendige findet, wenn sie Unterlagen benötigt.
So eine wundervolle und vor allem verständnisvolle Freundin zu haben ist ein Geschenk des Himmels-unbezahlbar- großen Dank an sie.

Wir verbrachten ein ruhiges Weihnachtsfest- die Tage rasten und das neue Jahr war in Sicht.
Ich arbeitete an meinem Selbstbewusstsein, um kommenden Aufgaben besser gewachsen zu sein.
Dies tat ich mit einem Trainingsbuch, das ich erst gelesen habe und dann Punkt für Punkt schriftlich bearbeitet habe. Schon interessant, was dabei so zu Tage kommt- man staunt über sich selbst.
Meinem Helmut ging es zu derzeit, bis auf ein paar Vergesslichkeiten ganz gut. Ich schaute nach Lösungen und wir legten ein kleines Buch an, in das wir Dinge aufgeschrieben haben z.B. Namen, Adressen, Telefonnummern, damit er hier nachschauen kann und nicht verzweifelt beim Überlegen und es seinen Kopf zum „Platzen „bringt.
Für mich stand eine Untersuchung beim Kardiologen an, das Belastungs-EKG hat mir sprichwörtlich die Luft genommen, fühlte sich an, als wenn ich den Mount Everest bestiegen hätte. Anfang des Jahres sollten noch zusätzliche Untersuchungen kommen. Muss ja fit werden und bleiben!!!
Plante meine Rückkehr um zu arbeiten für die 2. Januarwoche.
Das Jahr neigte sich dem Ende und ich hoffte, dass das Jahr 2012 entspannter werden würde.

Hoffnung niemals aufgeben!!!!

12

Nach langen Jahren haben wir das neue Jahr mal nicht verschlafen, denn ich hasse diesen Jahreswechsel. Das alte geht und was das neue Jahr bringt, wer weiß.
Der 1.1.2012 war total verregnet und klüngeln bot sich an- jede Ruhephase nutzen.
Gesprächstherapiestunde vor der Rückkehr ins Berufsleben.
Gemischte Gefühle- einerseits Freude- andererseits gefällt es mir zu Hause auch. War für mich vor einiger Zeit unvorstellbar an sowas auch nur zu denken.
Aber wer rastet der rostet.
Mein Helmut machte jetzt Dinge, die er vorher nie gemacht hat. Er begleitet mich beim Bügeln- trägt freiwillig den Müll raus und ist auch so mit sich und der Welt zufrieden.
Der erste Arbeitstag war gut, konnte mich langsam wieder einlaufen, da nicht so viele Patienten da waren.
Die erste Woche hatte ich geschafft und ich war geschafft. Kein Wunder nach einem halben Jahr musste man sich erstmal wieder daran gewöhnen 8 Stunden auf den Beinen zu sein.
Auch Helmut war geschafft. Er ist jeden Morgen um 4.00 Uhr aufgestanden und hat mich zur Garage gebracht. Er hat alles gut gemeistert.
Es ist Januar, die Vögel zwitschern wie verrückt, kein Wunder bei dem verrückten Wetter.
Fühle mich im Großen und Ganzen gut-manchmal eine innere Unruhe, dagegen hilft mir Baldrian ganz gut.
Helmut fragt mal wieder nach meinem Namen-im Moment sei sein Gehirn blockiert. Ich gebe ihm einen Tipp-klappt.
Langsam schleicht sich der Winter an – minus 3°. Es sind noch 4 Monate bis unser Frankreichurlaub startet-ich zähle die Tage.
Helmut war wieder etwas wuschig- er wusste nicht, dass wir in unserem Schlafzimmer und in unserem Haus sind. Er stellte mir geschickt Fragen, die ich dann beantwortete und war zufrieden. Es tut weh, aber gemeinsam schaffen wir es.

Im Februar ist die Welt im Kälteschock mit vielen Kältetoten und die eisige Kälte hält auch an.
Wir nahmen unsere Arzttermine wahr, ich ging zu einem Vortrag über Demenz und kam für mich zu dem Ergebnis, dass es nicht das war, was ich hören wollte.
Um etwas für die Mobilität von Helmut zu tun gingen wir jetzt regelmäßig Schwimmen.
Oje- er sackte ab wie eine bleierne Ente und die Bademeisterin fragte, ob er überhaupt schwimmen könne. Natürlich und erklärte warum es so sei. Sie empfahl uns eine Schwimmnudel - haben wir besorgt und es klappte ganz gut.

Es gab Nächte, da waren wir lange wach, haben es uns dann in der Küche bei einem Kaffee gemütlich gemacht, über unsere Zeit des Kennenlernens geplaudert und zum guten Schluss noch gemeinsam Musik auf dem MP3Player gehört. Helmuts Kommentar: der Abend mit dir war sehr schön.
Die Tage rannten so dahin- der „normale „Alltag hatte uns wieder. Es gab im Haus einiges zu tun und zu organisieren.
Der Garten musste wieder in Form gebracht werden und hierbei war Helmut auch sehr aktiv-fühlte sich sichtlich wohl- war ja schließlich sein Beruf, den er immer mit Hingabe ausgeführt hat.
Noch 7 Wochen und der Urlaub startet. Wir kauften schon mal einen neuen Koffer und ich machte eine to do liste, damit ich ja nichts vergaß.
Vor dem Urlaub gab es noch etliche Arzttermine und Aufgaben zu erledigen. Ich musste aufpassen, dass ich nicht zu viel auf einmal plante, damit ich nicht wieder in dieses Hamster Rad gelangte, sondern auch Freiräume für mich hatte.

13

Vier Tage vor der großen Fahrt lacht mir die Sonne am frühen Morgen ins Gesicht. Ich kann es kaum fassen. Die „Katastrophe "des vorigen Jahres habe ich im Großen und Ganzen unbeschadet überstanden. Es war ein harter Kampf, um alles auf die Reihe zu bekommen, aber mit viel Unterstützung hat es geklappt.
Paris Führer studiert- Koffer gepackt. Oh oh – was nimmt man mit, wie wird das Wetter sein. Da der liebe Gott mir im Grunde immer zur Seite steht und auch mein Vater von oben auf mich aufpasst, kann eigentlich nichts schiefgehen!
Endlich!!!! Der Tag ist da und wir fahren nach Paris. Waren vor dem Wecker wach und können gut starten. Thea und Jule sind seit dem Tag zuvor in der Huta- es ist die erste längere Trennung-werden wir überstehen.
Pünktlich um 6.00 Uhr sind wir gestartet. Es waren 2°, also nett kalt. Im Laufe der Fahrt wurde es immer wärmer und wir sind bei 17° in Paris angekommen.
Von Ferne haben wir den la Tour Eiffel gesehen. Wir sind durch die mehr als verrückte Stadt gefahren-L`arc de Triomphe, Champs Élysees und Nebenstraßen. Von hässlich und ungepflegt, bis…….. alles vorhanden. Ich habe aus dem Auto heraus fotografiert, wer weiß ob ich alles sehen werde in der kurzen Zeit, die wir hier verweilen.
Welch gehupe - die Motorräder und Vespas waren am schlimmsten, man konnte gar nicht so schnell gucken, wie die da waren. Attention!!!
Nach dieser kurzen Rundfahrt sind wir dann nach Bazoches gefahren. Das Haus zu finden gestaltete sich etwas schwierig, da es so versteckt liegt.
Es ist alles sehr schön, wir wurden herzlich empfangen. Der Kamin brannte schon und wir richteten uns ein.
Erstmal ankommen nach der Fahrt.

Wir machten einen Spaziergang –in einer mehr als ruhigen Gegend- sprich plattes Land.
Morgen Treffen mit Marie-Christine- wir haben uns schon telefonisch verabredet. Ich bin aufgeregt, denn wir treffen uns das allererste Mal.

14

Die erste Nacht unter französischem Himmel haben wir gut verbracht. Bin um kurz vor sieben Uhr aufgestanden mit Vogelgezwitscher und dem Gekrächzte von einem Fasanen. Genieße mein Frühstück und die Stille mit dem Vogelgezwitscher. Es ist frisch und bewölkt- mal sehen, wie der Tag so wird.
Bekannte Geräusche-die Müllabfuhr.
Beim Umschauen im Haus muss ich sagen- es ist alles vorhanden- über Waschmaschine bis Fön und auch die Küche bietet so alles, was man benötigt.
Wir starteten am späten Vormittag nach Villejuif – mussten ja wieder Richtung Paris.
Ziel dank Navi gut erreicht-in der Stadt eine riesengroße Baustelle und natürlich auch hier alle in Hektik.
Bei Marie-Christine angekommen- sie stand am Fenster- sind wir sehr herzlich empfangen worden.
Mein Gott- sie ist einen Kopf kleiner als ich und sehr!!! agil- total nett. Zoe, ihre Katze, hat uns auch gleich empfangen. Es war und ist, als würden wir uns schon immer kennen, dabei hat es mehr als vierzig!!! Jahre gedauert, dass wir uns persönlich kennenlernen.
Unsere Sprachverständigung war Francais, Anglais, Allemande.
Wir haben uns erst ausgetauscht, das Fotoalbum, das ich mitgenommen hatte angeschaut und dann haben wir besprochen, was wir unternehmen.
Auf nach Paris mit der Metro
Underground lass grüßen. Hier alleine zurecht zu kommen, oh Gott, dass kann nur ein Einheimischer. Viele dunkelhäutige Menschen und Hektik pur. Bis Paris dauerte es eine halbe Stunde- wir mussten einmal umsteigen. Helmut hat alles gut geschafft und Marie-Christine ging sehr beschützend mit ihm um.
Zuerst ging es in Richtung Eiffelturm- als ich dieses Bild vor Augen hatte musste ich erstmal heulen-ich konnte es nicht fassen-man kann es sich nicht vorstellen.

In den Filmen sieht alles immer so nah beieinander aus, aber es ist alles weitläufig. Paris für ein Wochenende ist unmöglich.
Meines Erachtens benötigt es gefühlte Jahrzehnte, um alles zu sehen.
So viele Touristen-so viele Busse zum Sightseeing.
Wir haben alles auf uns wirken lassen und es war toll eine echte Pariserin als Fremdenführerin zu haben.
Wir haben etwas zu Mittag gegessen-Helmut natürlich Pommes-Marie Christin und ich Paninis(gebackenes Brot gefüllt mit unterschiedlichen Dingen) gefüllt mit Thunfisch (le thon)-lecker.
Entspanntes Schnattern auf der Parkbank und alles was man wahrgenommen hat aufsaugen.
Wir sind mit dem Bus entlang der Seine gefahren und dann nach Notre Dame gelaufen. Helmut hat sich wacker geschlagen. Er trug den Rucksack und hat das Portemonnaie in der Tasche wie einen Schatz gehütet.
Auf dem Rückweg hat er und Marie Christin sich über die Platanen unterhalten, die hier überall stehen.
Bei uns gibt es ja auch viele, denn die Franzosen haben sie während des Krieges hier eingebracht.
Marie Christin liebt die Trauerweide - saule pleureur.
Mit der Metro zurück nach Villejuif-Helmut ziemlich erledigt-war ja auch eine Herausforderung –so viele Eindrücke-Hektik-Veränderungen-Lärm.
Marie Christin hat uns 2 Croissants zum Frühstück gekauft, die wir aber schon am Abend frisch verspeist haben.
Sie hat mir noch etwas in mein Reisetagebuch geschrieben, haben den Tag nochmal Revue passieren lassen und sind dann am Abend zurück nach Bazoches in die absolute Stille gefahren.
Ein wundervoller und aufregender Tag ging zu Ende.
Traum oder Realität-ja Realität-unglaublich aber wahr.

Bonne nuit

15

Nach einer ruhig verbrachten Nacht sind wir dann nach Saint Illiers la Ville gefahren, dem Ort, wo mein Vater 3 Jahre während des Krieges gelebt hat. Es war schon sehr ergreifend auf diesen Spuren zu wandeln und es hat mich traurig gemacht, wie schnell doch die Zeit vergeht. Früher habe ich es nicht so wahrgenommen, wie wichtig manche Dinge im Leben eines Menschen sind. Hier hat doch ein großer Einschnitt im Leben meines Vaters stattgefunden und es hat ihn auch geprägt.
Er hat bei einer sehr netten Familie gewohnt, zu der er auch immer Kontakt hatte. Wir hatten Glück, denn es war Samstag, so dass in der Bürgermeisterei eine Dame war, die uns alles gezeigt und erklärt hat.
Mein Helmut hat geweint - es hat ihn ebenso berührt, wie mich.
Auf dem Rückweg haben wir in einem sehr schicken Restaurant zu Mittag gegessen und danach den Rest des Tages in Ruhe im Garten verbracht.
Am nächsten Tag haben wir das Haus von Jean Monnet, dem "Cognackönig " besucht und wandelten somit auf den Spuren Adenauers und Kennedys, die hier einst zu Gast waren- in diesem kleinen Ort Bazoches.

Nach einer mehr als unruhigen Nacht, packen und frühstücken, heißt es Abschied nehmen-ich bin traurig- war es doch so schnell vorbei.
Wir kommen wieder- auf jeden Fall!!!!!
Wir fahren Richtung Paris -es regnet in Strömen und ich habe den Wunsch mitten auf der Autobahn einfach anzuhalten, da man vor lauter Regen und Diesigkeit nichts mehr sieht. Hier benötigt man starke Nerven. Dieses Wetter hielt bis Belgien an.
Richtung Heimat wurde es immer wärmer- schließlich bis 26°- furchtbar!!

Zu Hause angekommen- Koffer aus dem Auto und dann zügig unsere beiden Süßen abgeholt- große Freude auf beiden Seiten- alle wieder vereint!!
Es war ein einmaliges, wunderschönes, unvergessliches Erlebnis und ich war froh, dass alles so gut geklappt hat. Ich werde lange davon zehren.

À bientôt - bis 2013

16

Der normale Alltag hat uns schnell wieder- mit Wäsche ohne Ende, Putzen, Gartenarbeit und was sonst noch so alles anfällt.
Auch meine Arbeit vereinnahmt mich, Unterricht nach dem Dienst geben, Kommunikationstraining, dann noch meine Gesprächstherapie, also keine Langeweile.
Im Juni mache ich eine Wanderung mit Pater Anton und unserer Pastoralreferentin Kirsten auf dem Jakobsweg- es sollte von Goch nach Weeze gehen, aber auf Grund des unbeständigen Wetters gab es eine verkürzte Version. Habe mir wieder Blasen gelaufen, trotz bequemer Schuhe und Strümpfe.
Pilgern heißt wohl auch etwas leiden. Wir hatten alle einen schönen Tag.
Mit Helmut habe ich dann in der Woche Kies gefahren, den wir im Gartenweg eingebracht haben- welch Anstrengung, aber Helmut hat es gut geschafft.
Ich überlege zu renovieren und mach mich schon mal kundig, was so gefällt und passt.
Beim Streichen hilft Helmut mir- er muss die Leiter festhalten, denn es geht ziemlich hoch in den Giebel und das macht mir Angst.
Bin nicht von der Leiter gefallen, dafür über die Spülmaschinentür gestrauchelt und mit voller Wucht auf mein Knie gedonnert, da ich den Jenaglasdeckel in der Hand hatte und ihn nicht auf die Fliesen fallenlassen wollte. Zu große Gefahr für mich, dass ich Schnittwunden davontrage, schließlich schlucke ich Marcumar und ich hatte Angst zu bluten.
Zu allem bekommen wir auch noch eine Magen-Darm-Grippe- braucht kein Mensch.
Helmut wandert nachts und schläft über Tag.
Nach einer „ besch….. eidenen" Woche brauche ich mal einen Tapetenwechsel und fahre nach Bocholt, um mit Betti einen Stadtbummel zu machen. Meine Lieben haben es gut überstanden ohne mich.

Helmut ist soweit auch genesen - er kann wieder zur Krankengymnastik.
Es folgen unruhige Nächte- Helmut will immer „nach Hause „- das schafft mich.
Haben wir Sommer? Juli ja- Sommer nein – es läuft die Heizung-Regen-Regen-Regen, wir „saufen" ab.
Mein Urlaub rückt näher und zu meiner Freude ist auch die Buchungsbestätigung für nächstes Jahr für das Haus in Bazoches gekommen-freue mich total.
Man muss immer ein Ziel vor Augen haben, dann fällt alles etwas leichter.

Endlich Urlaub

Nach mehr als 10 Jahren- es können auch schon 15 sein- sind wir auf dem Weg nach Heidelberg, um Helmuts Schwester zu besuchen.

Wir sind pünktlich, wie geplant um 8.00 gestartet, nachdem wir Thea und Jule in die Huta gebracht haben.

Die Fahrt war ruhig und angenehm und nach 4 Stunden, mit einer Pause, sind wir in Eberbach angekommen.

Große Wiedersehensfreude .Helga hat sich, wie schon vorausgeahnt, ziemlich erschrocken, als sie Helmut gesehen hat. Er hat ja auch sehr abgebaut und da sie ihn ja so lange nicht gesehen hatte ging sie erstmal rein und hat geweint. Ja, er ist nicht mehr der drahtige und dynamische Bruder ohne Rast und ohne Ruh.

Bei tollem Wetter konnten wir draußen essen-wir hatten uns viel zu erzählen.

Am Abend waren wir bei Hedi, Helmuts Patenkind, eingeladen und es gab Currywurst mit Pommes extra für Helmut- er liebt sie heiß und innig.

Wir haben drei schöne Tage gemeinsam verbracht- für mich Erholung pur- ich durfte nichts machen, außer mich um Helmut kümmern. Hat mir gut getan, obwohl ich damit nicht so gut umgehen kann nicht zu helfen.

Ich hoffte, dass wir es zeitnah wiederholen könnten, da man ja nicht weiß und ich möchte es auch nicht wissen, wie sich alles weiter entwickelt.

Als nächstes stand ein Besuch bei Schwester Sigisberta, meiner ehemaligen Stationsschwester, in Meschede an. Sie ist mittlerweile 98 Jahre, geistig fit.

Da es sehr heiß war und wir nicht unbedingt durch die Hitze wandern wollten, haben wir die Abtei besucht, ein stilles Gebet- und danach zu unserem bekannten Spaziergangs Weg gefahren,

uns hier auf die Bank gesetzt , von wo aus wir einen tollen Blick auf Meschede genossen.
Viele Erinnerungen wurden wach-wie die Zeit vergeht.
Ankunft im Euthymiahaus - Freude riesig. Schwester Sigisberta sieht uns nur noch schemenhaft, aber man merkt es ihr nicht an, sie kommt gut zurecht.
Wir unterhalten uns angeregt und ich mache mir ein paar Notizen, um einen Artikel für unsere Krankenhauszeitung zu schreiben, da ja die Clemensschwestern zur Tradition unseres Hauses gehören.
Sie hat ein sehr "unruhiges" Leben geführt, da sie immer dorthin musste, wo es "brannte".
Ihr längster Ortsaufenthalt war jetzt Meschede. Schwester Sigisberta hat Helmut einen Schutzengel geschenkt.
Es gab viele Tränen, weil irgendwann........
Ja, das ist nun mal der Lauf des Lebens, worüber man sich in jungen Jahren keinen Kopf macht- Gott sei Dank.
Schwester Lioba habe ich auch noch getroffen- lauter Freudenschrei.
Früher wäre dies alles gar nicht möglich gewesen, da die Ordensschwestern doch sehr für sich lebten. Dies hat sich sehr verändert. Es gibt auch nicht viel Nachwuchs.
Wir sind bei 29° zurückgefahren und dank eines Gewitters kühlte es sich auf 19° ab
Ein wunderbarer Tag ging zu Ende.

18

Unser Urlaub gestaltet sich weiterhin entspannt, einfach herrlich ohne Wecker-ohne Zwang- Lust-keine Lust-nicht zu heiß-alles schaffen-dann, wenn einem danach ist-man kommt auch zum Ziel.

Helmut sägt etwas Holz per Hand, sodass unsere Ecke auch aufgeräumt ist. Er schafft es ganz gut und die Beschäftigung tut ihm auch gut.

Ich mache eine Radtour mit den Kolleginnen und genieße die Zeit. Helmut kommt für ein paar Stunden noch ohne mich zurecht.

Er hat im Moment eine Phase, wo er abends immer "nach Hause" möchte. Ich habe mir angewöhnt mit ihm nach draußen zu gehen, Hausschild und Hausnummer zu betrachten. Wenn er den Wunsch hat am nächsten Morgen von mir nach Hause gebracht zu werden, so stimme ich dem zu.

Ich habe gelernt nicht mehr zu diskutieren und zu überzeugen-kostet bloß Kraft und Nerven-ist nicht zielführend.

Zu meiner Freude ist der Vertrag für das Haus in Bazoches für unseren Urlaub im kommenden Mai eingetroffen. Super.

Das Wetter normalisiert sich, man kann wieder vor die Türe gehen, ohne gleich umzufallen.

Helmut hat immer noch die allabendliche Phase, dass er "nach Hause" will. Im Moment fahre ich dann oft mit ihm eine Runde im Auto, auch zu der Wohnung, in der er einmal zu Hause war, er schaut auf die Schelle und sieht dann, dass dort andere Leute wohnen, danach ist es erstmal wieder gut. Was er sich nur so denkt-man ist völlig machtlos.

Ich bereite mich und natürlich auch Helmut seelisch wieder auf das Arbeitsleben vor. Das reelle Leben hat einen schneller wieder, als man denkt.

Im Moment finde ich einige meiner Mitarbeiter unausstehlich und der Wunsch meinerseits wäre ein Lottogewinn und tschüss- wer träumt nicht davon!?

Langsam hält der Herbst Einzug und hier zu Hause läuft es einigermaßen normal.
Helmut ist zurzeit etwas sprachfaul und er ist auch ungern alleine.
Ich löse so langsam den Betrieb auf, mein Gott so viele Dinge, an die man denken muss, zum Glück habe ich aber auch gute Unterstützung.
Wintervorbereitung für den Garten läuft und Auflösungsaktion Betrieb läuft auch gut. So kommt man Woche für Woche, Stück für Stück zum Ziel.
Die Tage vergehen ruhig ohne besondere Vorkommnisse. Diese Zeit muss man genießen, denn es warten immer Überraschungen auf einen.
Mein Helmut ist mal wieder "dackeln " gegangen, Herr L. unser Nachbar, hat mich informiert. Helmut läuft wieder Richtung alte Heimat. Bevor ich losfahren kann, muss das Lamirat aus dem Auto gepackt werden und zu allem Übel ist mir auch noch Jule entwischt, die ich dann erstmal wieder einfangen muss. Nach Einsammlung der Ausreißer bin ich fix und fertig. Hier hilft auch nicht die erteilte Standpauke, im Grunde ist man ja froh, wenn alle wieder heil zu Hause sind.
Wir bekommen eine Magen-Darm- Grippe, die Helmut so Doll erwischt hat, er ist somnolent, dass ich am Sonntag gedacht habe, er müsste ins Krankenhaus. Panik macht sich bei mir breit, bloß nicht ins Krankenhaus. Ich beobachte und versorge ihn weiterhin intensiv, sodass wir es so schaffen, es hat geklappt.
Es war schon haarscharf an der Grenze, wir erholen uns gemeinsam gut.

Unsere Renovierung Wohnzimmer startet und Helmut geht mir fleißig zur Hand

19

Das unglaubwürdige passiert. Unsere Jule springt am Maschendrahtzaun hoch und darüber weg ab in den Wald. Oh nein !! noch ein Ausreißer. Helmut in Aufruhr-ich werde verrückt.
Es folgte wieder eine aufregende und anstrengende, aber auch erfolgreiche Woche. Die Auflösung des Betriebes geht voran-Licht am Ende des Tunnels.
Einen schönen Tag zwischendurch mit meinen Mädels gehabt, um auch mal auf andere Gedanken zu kommen. Wichtig!!!
Bei verrücktem Wetter spielt mal mein Kreislauf verrückt, was aber auch Gott sei Dank wieder schnell vorbei ist. Brauch ich nicht.
Helmut sagt mir, dass er im Moment etwas in einem verkehrten Film ist. Wir besprechen alles und ich hoffe, dass es ihm hilft.
Es läuft dann wieder für eine Zeit rund und dann tauchen wieder die Momente auf, wo Helmut dann "abhauen" möchte- sprich nach Hause. Wieder alles erklären.
Helmut merkt und sagt es auch, dass er vergesslich ist und auch oft nur schwer die Situation beschreiben kann- scheiß Krankheit.
Es besteht wieder Fluchtgefahr seitens Helmut. Da ich die Gartentore verschlossen habe und er hierfür auch keine Schlüssel hat, meint er, er könnte über den Zaun klettern. Man oh man-verabreiche ihm etwas zur Beruhigung, um etwas Ruhe ins Geschehen zu bringen.
Man kann es eigentlich gar nicht fassen, dass sich alles von jetzt auf gleich im Verhalten ändert. Es ist zum K(otzen) und sehr anstrengend, sodass man verzweifeln könnte.
Wir gehen am Abend eine Runde mit den Hunden, was uns richtig guttut. Man denkt nichts Böses und da ist er wieder, der Drang, dass Helmut nach Hause will. Ich bin total genervt - habe versucht zu erklären, dass wir zu Hause sind, zwecklos.
Also ab ins Auto und durch die alte Heimat fahren. Das Unbegreifliche - auf dem Rückweg delegiert er die Richtung zu uns nach Hause. Man kann es nicht nachvollziehen.

Die Wochen vergehen ohne besondere Vorkommnisse, aber irgendwie ist man immer in halb acht Stellung.
Zack - es ist mal wieder soweit- beim nach Hause kommen ist keiner da- schau bei uns im Wald nach -keiner zu sehen- dann fahre ich die gewohnte Strecke in Richtung Wesel und siehe da, er ging mit den beiden Hunden. In Jogger und Pantoffeln und draußen ziemlich kalt- Konsequenz- Torschlüssel, die ich ihm zuvor ausgehändigt hatte, wieder einkassiert.

Meine Gesprächstherapiestunde steht an und ich bin froh, denn dann kann ich mal wieder alles loswerden und bearbeiten, was mich bedrückt. Ich kann es nur jedem empfehlen dies in Anspruch zu nehmen, es hilft ungemein mit der Situation besser zurecht zu kommen.

Die Tage und Wochen vergehen mit Arbeit, Mann und Hund einfangen, Freizeitgestaltung, Erholungsphasen ganz wichtig, damit man gut mit allem zurechtkommt.

Ich habe Nacken- und Schulterschmerzen- bin total verspannt- dadurch auch öfter Kopfschmerzen. Bekomme es mit Schwimmen und Massagen in den Griff.

20

Fast ist das Jahr wieder zu Ende und Weihnachten steht vor der Tür.
Mein Helmut hat die ganze Woche gegen Abend immer wieder den Drang "nach Hause „zu wollen. Es ist total anstrengend. Manchmal fahre ich einfach eine Runde mit dem Auto durch die Gemeinde und danach gibt er dann Ruhe.
Jede Gelegenheit wird von Helmut genutzt um wegzulaufen. Auch an dem Tag, als ich meine "Mädels " zum Frühstück eingeladen hatte. Habe Thea und Jule in die Huta gefahren und das Gartentor nicht abgeschlossen, da Helmut ja noch schlief.
Denkste, als ich wieder kam war er weg. Fehlte mir jetzt am frühen Morgen auch noch. Er lief wieder Richtung alte Heimat.
Am Mittwoch zuvor hatte er das Schloss schon mit einem Hammer kaputt gemacht. Ich dachte, dass ich alles an Werkzeug schon weggeräumt hätte.
Es folgt mal wieder ein wuschiger Tag und Helmut befindet sich in der Kasernenzeit. Gott sei Dank weiß ich ja die eine oder andere Geschichte aus dieser Zeit und das macht uns das Ganze etwas leichter.
Es folgen entspannte Weihnachtstage und du denkst, warum kann nicht alles so normal bleiben. Man muss im Grunde immer von jetzt auf gleich umschalten. Wer damit noch nie so konfrontiert wurde, kann es sich eigentlich nicht vorstellen. Es kostet viel Kraft und vor allem braucht man Geduld.
Das Jahr neigt sich dem Ende und ich kann mit Stolz behaupten, dass ich sehr viel geleistet habe. Neben meiner Arbeit habe ich den Betrieb aufgelöst und Renovierungsarbeiten ausgeführt.
Mit Helmut habe ich es auch ganz gut im Griff und die oft auftretenden Überraschungen habe ich auch gemeistert.
Für das kommende Jahr wünschte ich mir weiterhin viel Kraft und die Unterstützung derjenigen, die für mich da waren und mir auch Mut machten.
Ansonsten, dass mein Helmut weiterhin so fit bleibt wie jetzt.

2013

Pünktlich zum Jahreswechsel sind wir wach geworden und konnten die Knallerei verfolgen, die ich persönlich überhaupt nicht liebe. Unsere Jule zitterte wie Espenlaub. Außerdem stimmt mich ein Jahreswechsel immer traurig; einerseits, dass das alte Jahr vorbei ist und außerdem das man nicht weiß, was im neuen Jahr auf einen zukommt.
Na ja, wir werden sehen.
Der erste Tag des neuen Jahres ist ungemütlich - es regnet- heißt aber auch wir können ausruhen.
Welch Sonntagsstart.
Mein Helmut war am Vorabend schon so quirlig und in der Nacht war er auch rast-und ruhelos.
Um 2.30 war ich nochmal wach und dann um 4.30.
Es war verdächtig ruhig im Haus. Habe mich angezogen, draußen war alles dunkel. Habe die Beleuchtung angemacht -oh Schreck-mein Helmut wollte im Vorgarten über den Zaun klettern. Habe versucht eine Runde mit ihm und den Hunden zu gehen um dann wieder nach Hause zu gehen - hat nicht geklappt. Er wollte unbedingt nach Wesel und wurde- wütend auf mich, weil ich zurückgehen wollte.
Habe ihn schließlich gehen lassen, das Auto geholt und nach langer Diskussion ist er dann zögerlich eingestiegen. Bin Richtung Wesel gefahren und am Marien-Hospital ist er dann einfach aus dem Auto raus und losgelaufen -zureden hat nicht geholfen. Er ist Richtung Innenstadt gelaufen und ich habe versucht an der Pforte des Krankenhauses Hilfe zu bekommen, fühlten sich aber nicht zuständig- ich solle die Polizei rufen. Habe ich getan und in kürzester Zeit waren 3 Einsatzwagen vor Ort. Waren sehr nett. Da Helmut auf gar keinen Fall bei mir einsteigen wollte sind sie dann hinter mir her nach Hause gefahren. Habe Frühstück gemacht- Helmut seine Tabletten plus Schlaftablette verabreicht und er hat super 8 Stunden geschlafen.

Solche Aktion brauche ich nicht öfter- da wird man erstmal völlig panisch und man kann überhaupt nicht klar denken.
Scheiß Krankheit-Mist-Mist-Mist!!!!!!!!!!!!!!!!!!
Ich habe spontan frei nehmen können und bin dann zur Hausärztin, um mit ihr zu besprechen, was ich gegen die Unruhe tun kann. Sie hat Tropfen verschrieben, die ich bei Bedarf geben kann.
Am nächsten Tag, der sehr entspannt war, konnten wir ein gutes Gespräch führen, was unseren Wohnort, unser Leben und unsere Versorgung betrifft.
Am Abend flackerte dann mal leicht wieder das Thema "nach Hause " auf. Es sollten noch etliche Tage folgen, an denen er mich herausforderte mit seinem Drang " nach Hause "- geht ziemlich an meine Substanz. Ich habe festgestellt, dass ich in einem bestimmenden Ton und mit Nachdruck mit ihm sprechen muss. Zur Sicherheit schließe ich jetzt immer die Türen ab, um auf der sicheren Seite zu sein.
Seit 2 Tagen haben wir Schnee und es ist kalt. Es ist schön hell und alles wirkt so sauber. Muss jetzt noch besser auf Helmut aufpassen, denn sonst rennt er noch ohne Jacke draußen herum und rutscht womöglich noch aus. Wir nutzen das schöne Schneewetter und laufen täglich unsere Runde mit den Hunden.
Ein Uhr in der Nacht- Helmut steht angezogen an meinem Bett und will arbeiten gehen. Habe ihm lang und breit erklärt, dass es Nacht ist. Er hat sich ausgezogen und wieder hingelegt.
Im Grunde läuft alles rund, natürlich gibt es die eine oder andere Überraschung zwischendurch- wäre ja sonst auch langweilig.
Ich habe ein Zusatzschloss von innen an der Haustür anbringen lassen, von dem nur ich einen Schlüssel habe. Das lässt mich entspannter schlafen, ohne zu denken, dass Helmut nachts wandern gehen könnte.
Die Tage ziehen dahin und wir kommen dem Urlaub und der Rente ein Stück näher. Wer hätte jemals gedacht, dass ich die

Rente herbeisehne. Ich am allerwenigsten. Machen die Umstände.

22

Wir haben Februar und kommen dem Frühling näher. Nach ausgiebigen Regentagen wird es wieder kälter, also ein auf und ab. Da soll ich mich nicht wundern, dass mein Blutdruck auch verrücktspielt und ich unter Kopfschmerzen und leichter Übelkeit leide.

Hier zu Hause läuft es erstmal wieder rund, dafür gibt es dann auf der Arbeit mal wieder Veränderungen, die ich mittragen muss und die mich schon arg belasten. Spannungskopfschmerz macht sich breit.

Da Helmut ja auch körperlich nicht so gut zurecht, beantrage ich die Dusche behindertengerecht umzubauen. Beratung und Kostenvoranschlag erstellen lassen- Antrag abschicken. Mal sehen wie lange es dauert und wir es in Angriff nehmen können.

Es ist mal wieder soweit- mein Helmut ist mit Thea und Jule ausgebüchst und Richtung Voerde gelaufen. Unser Nachbar Herr J. hat sie eingesammelt und mit nach Hause gebracht. Wir haben zunehmenden Mond und ich lasse mich auch nicht davon abbringen, dass es da keinen Zusammenhang gibt. Helmut war am Abend und in der Nacht schon unruhig.

Ich nehme weiterhin meine Gesprächstherapie wahr- es tut mir immer wieder gut. Manchmal zweifelt und verzweifelt man und da ist es gut, wenn ein Außenstehender mal mit dir deine Situation erörtert und man findet auch nochmal die ein oder andere Lösung. Ich kann es nur jedem empfehlen.

Der Winter ist mit Schnee zurückgekehrt, mein Helmut hat abends weiterhin das Bedürfnis nach Hause zu gehen-versuche es ihm immer wieder klar zu machen, dass wir zu Hause sind. Es ist doch eine totale Sch..., man kann sich ja auch nicht vorstellen, was da so im Kopf abgeht. Das Gehirn- das nicht vollständig erforschte Wunder des Lebens. Es ist überhaupt faszinierend, was so ein Körper alles kann und leistet. Ja, manche Dinge geben einem noch Rätsel auf- ist vielleicht auch so vom lieben Gott gewünscht- hat schon was Tolles geschaffen.

Nach einem schrecklichen Tag, an dem ich mich auch schon sehr angespannt fühlte hat Helmut dem ganzen noch die Krone aufgesetzt. Abends wollte er wieder unbedingt nach Hause und war total biestig. Ich habe geschnauzt und geheult- bis er zum guten Schluss auch geheult hat. Habe ihn überzeugt seine Tabletten und Tropfen zu nehmen. Es wurde besser und er hat sich anschließend entschuldigt. Wir haben lange gesprochen. Natürlich merkt er oft genug, dass er vieles vergisst, sich nicht ausdrücken kann und er ist darüber auch sauer. Tut schon weh!!!Lass die Forscher was entdecken, um diese Hilflosigkeit abzustellen.

Auf der Arbeit habe ich auch immer noch Stress wegen Umstrukturierung und ich leide wieder unter Spannungskopfschmerz, wie vor Jahren bei der Umstrukturierung schon mal. Ich bin emotional immer so angreifbar.

Aber wie heißt es so schön: das Leben ist kein Ponyhof.

23

Ohne Überraschungen geht es nicht.
Mein Helmut hat mal wieder das Schloss vom Gartentor geknackt und ist mit Thea und Jule ab gedüst. Fahre die gewohnte Strecke ab, kann sie aber nicht finden und bin total aufgeregt. Habe die Polizei angerufen , die direkt mit zwei Einsatzwagen zu uns nach Hause kamen, sich eine Beschreibung geben ließen und mir sagten, dass ich zu Hause bleiben sollte-habe ich auch getan.
Habe versucht mich abzulenken und ehe ich mich versah waren alle drei wieder wohlbehalten zurück.
Helmut hat irgendwo seitlich an der Straße gesessen und sich ausgeruht. Gott sei Dank. Er war total erschöpft und verschwitzt, denn es war ziemlich warm und er hatte die dicke Winterjacke an.
Nachdem ich alle versorgt hatte und wir uns alle beruhigt hatten, sind wir erstmal losgefahren und ich habe ein dickeres Schloss gekauft, in der Hoffnung, dass er es jetzt nicht mehr so schnell knacken kann.
Wir haben Mitte März- der Winter ist nochmal zurückgekehrt mit Schnee und eisigem Wind. Am besten die Decke über den Kopf ziehen und hervorkriechen, wenn alles gut ist.
Das heißt für mich, dass ich mir wünsche, dass es auf der Arbeit wieder in ruhigen Bahnen läuft und auch das Wetter sich von einer schöneren Seite zeigt.
In acht Wochen sind wir unseren ersten Tag in Frankreich und ich bin voller Sehnsucht, dass wir endlich fahren. Ich hoffe es klappt alles gut, da Helmut abends wieder ab dackeln möchte, das bringt mich noch um.
Helmut stürzt an der Haustreppe und er hat sich an der Schulter und am rechten Knie wehgetan. Beim Versorgen danach saß er auf einmal ganz eigenartig und blass wie die Wand auf dem Toilettendeckel- ich dachte schon er stirbt nach einem Herzanfall oder sonstiges- bin total in Panik geraten. Habe ihn ins Bett geschafft, Beine hochgelagert und ihn gut beobachtet. Er hat sich gut erholt und ist dann eingeschlafen.

Es kommt der Bescheid von der Krankenkasse- der Zuschuss für den Umbau der Dusche ist genehmigt. Meine Freude ist riesig, denn es erleichtert Helmut den Ein-und Ausstieg und für mich ist es mit der Versorgung auch leichter.
Es folgt mal wieder ein Tag, den man nicht braucht. Ich stehe am Morgen mit Schmerzen im linken Arm auf. Fahre früher ins Krankenhaus und lasse ein EKG schreiben und bums liege ich schon wieder stationär. Zum Glück ist Frau Dr. K. da - der Deal, wenn Labor- und EKG Kontrolle in Ordnung sind, poststationäre Weiterbehandlung.
Als wenn meine " Bande" es riecht müssen sie noch eins oben drauf setzen .Jule ist abgehauen und Helmut hat versucht mit der Leiter, die im Garten lag, über den Zaun zu kommen. Dabei ist er hängen geblieben. Zum Glück hat Herr E. nach Helmut geschaut, nachdem ich ihn angerufen hatte.

Meine Untersuchungen sind soweit o.k., da ich aber das Belastung`s EKG nicht schaffe und es nicht ausgewertet werden kann, schickt man mich zum Herzszintigramm. Hier ist alles in Ordnung und ich bin beruhigt.

24

Der Winter hält sich hartnäckig- mein Helmut etwas wuschig und auch sauer, weil er nicht raus kann, dann sucht er wieder seine Mutter, die Brzeskis im Allgemeinen, sein zu Hause und ich erkläre ihm, dass seine Mutter nicht mehr lebt und vom Himmel aus auf uns aufpasst und das wir hier in Voerde zu Hause sind.

Das Projekt Badezimmer startet und ich bin froh, wenn wir es fertig haben.

Wie soll es anders sein- um 11.00 haben wir einen Bautrockner im Bad stehen- unter der Duschtasse war alles feucht- eine Woche Verzögerung -toll. Wäre ja auch ein Wunder, wenn mal etwas auf Anhieb klappen würde. Na ja - größerer Schaden ist abgewendet. Das Trocknungsgerät schalte ich nachts ab, denn es ist nicht auszuhalten-bekomme Kopfschmerzen.

Nachdem alles gut abgetrocknet ist, geht der Badumbau zügig weiter und wir freuen uns als alles fertig und die Unordnung im Haus beseitigt ist.

Vorbereitungen für den Urlaub laufen, Vorfreude ist groß und langsam steigt die Spannung.

Ich fange wieder an zu arbeiten. Die erste Arbeitswoche war schon ziemlich anstrengend.

3 Tage alles super gelaufen, 4. Tag Helmut mit Thea und Jule über den Gartenzaun ausgebüchst und von der Polizei nach Hause gebracht worden.

5. Tag – Jule ist über den Zaun ab gedüst, habe sie dann eingefangen, als ich nach Hause kam.

Jeden Tag ein Überraschungsei- braucht man nicht!!!!!!!!!!

Zur Krönung der Ereignisse geht die Waschmaschine noch kaputt- das Lager ist defekt und das nach 1 ½ Jahren- Lieferzeit für das Ersatzteil soll 10 Tage sein- geht gar nicht, also tausche ich die Waschmaschine ein- ärgerlich.

Helmut ist an 2 Tagen auch ziemlich schräg drauf- er bekommt zusätzlich Topfen- sonst geht gar nichts.

In 14 Tagen Urlaub und los. Könnte schon packen- in Gedanken tue ich das schon - ich muss an alles!!!denken. Ansonsten geht es uns gut.

25

Mit der Einnahme der Tropfen geht es Helmut ganz gut – finde ihn aufgeräumter. Ich hoffe, dass es im Urlaub auch so entspannt ist, wie in der letzten Woche und jetzt.
Mein allergrößter Wunsch.
Die Vorbereitungen laufen gut und der Abfahrtstag Richtung Frankreich ist in Sicht.
Ein Wehrmutstropfen- Marie –Christin ist leider nicht da, wenn wir Urlaub machen.
Nichts desto trotz freue ich mich auf den Urlaub und wir werden es schon schaukeln durch Paris zu kommen und vor allen Dingen zum Eiffelturm.
Einen Tag zuvor bringe ich Thea und Jule schon in die Huta, anschließend packe ich unsere Sachen.

Nachdem ich am nächsten Morgen Helmut dreimal geweckt habe starten wir kurz vor sieben Uhr.
Irgendwie war er etwas schräg drauf- hat dann aber alles gut geklappt.
Die Fahrt fing mit zähem Verkehr auf der A 57 an. Naja – eben Berufsverkehr.
Baustelle Maastricht auch etwas Stau- Belgien o.k.- bis Frankreich entspanntes fahren.
Wir sind direkt nach Bazoches gefahren und dieses Mal konnten wir auch Sacre Coeur von der Autobahn aus sehen. Es sah von Ferne schon unbeschreiblich aus. Da müssen wir hin.
In Bazoches sind wir gut angekommen und ich hatte das Gefühl, dass wir irgendwie nicht weg waren, alles wirkte so vertraut.
Wir haben uns in Ruhe eingerichtet, draußen gegessen und noch die Sonne genossen. Wir sind früh schlafen gegangen, denn am nächsten Tag stand der Besuch in Versailles auf dem Plan.

Wurde mit leichten Kopfschmerzen wach- wahrscheinlich vom Liegen oder auch von einer unbewussten Anspannung vom Fahren gestern.
Helmut schläft noch und ich genieße die Ruhe hier am frühen Morgen.
Wir machen uns auf den Weg nach Versailles- es liegt nur 26 km von unserem Ort entfernt.
Wir fahren Richtung Schloss durch schmale Straßen und ich denke: wo soll denn hier ein Schloss sein?
Aber dann- die Zufahrt – kaum vorstellbar- das Gold und das riesige Vorfeld prallt uns schon entgegen.
Wenn man bedenkt, wie es wohl früher war- keine befestigten Straßen und Wege-wir sind irgendwie überwältigt.
Wir haben ziemlich nahe vom Eingang einen Parkplatz bekommen, denn Helmut fallen weite Strecken zu laufen etwas schwer. Haben ja Zeit und können alles in Ruhe erkunden.
Wir betreten das Schloss durch eine Sicherheitszone –kommen in einen Vorhof und gehen dann ins Innere.
Wie sagte Monsieur Bernard am Vorabend- monströse- ja wirklich- die hohen Decken- die Möbel- die Figuren und und und……

Man schaut hinaus in den Garten(untertrieben)-so etwas haben wir noch nicht gesehen. Mon dieu -dieser weite Blick- da fragt man sich doch, wie haben die sich getroffen oder wiedergefunden- ich stelle es mir in einer anderer Zeit vor- ich kann es kaum glauben – wir sind zusammen hier.
Wir laufen ein Stück in den Park hinein und je weiter wir gehen ertönt Musik und in der Ferne können wir Wasserfontänen sehen.
Helmut schmerzt das Knie und wir gehen zurück.
Wir fahren zurück nach Bazoches und lassen den Tag gemütlich ausklingen.

27

Den nächsten Tag haben wir die Umgebung etwas erkundet. Als wir zurück kamen wollte Helmut mir den Hausschlüssel nicht geben. Ein Weilchen war er mies drauf, danach ging es dann wieder.

Haben lecker gekocht, einen ruhigen Nachmittag verbracht- früh zu Bett gegangen- so komme ich auch in Ruhe zum Lesen.

Der nächste Tag ist unser 38. Hochzeitstag.

In der Nacht hatte Helmut großen Hunger- hat etwas gegessen und danach hat er gut geschlafen.

Ich erhole mich gut und genieße die Zeit mal ohne das Drumherum zu Hause.

Unseren Hunden tut es auch mal gut die Zeit mit anderen Artgenossen zu verbringen.

Einen Plan für den Tag existierte nicht. Wir sind spontan nach St. Illiers la Ville gefahren, an den Ort wo mein Vater ja 3 Jahre in Gefangenschaft war. Dieses Mal fand ich es etwas frostig- lag vielleicht auch am Regenwetter.

Danach sind wir nach Montfort gefahren und haben in dem gleichen Restaurant wie im Vorjahr gegessen- irgendwie wirkte auch hier alles so vertraut- komisch.

Zurück à la maison   Kaffee getrunken und uns auf einen gemütlichen Abend vorbereitet.

Wir haben eine ruhige Nacht verbracht und ich habe es auch mal geschafft bis 8.00 Uhr zu schlafen- ja schon ungewöhnlich für mich.

Gemütliches Frühstück- Fahrt nach Paris geplant- wir fahren mit dem Auto. Parkmöglichkeiten ausgesucht und ich bin guter Dinge, dass es klappt.

Ja –es hat geklappt und wir haben ca. 500-600 m vom Eiffelturm entfernt geparkt. Muss die Parkgebühren mit Karte bezahlen- ein netter Herr ist mir behilflich, da ich es so noch nicht gemacht habe.

Wir sind Richtung Eiffelturm gelaufen an vielen Verkaufsständen vorbei- irgendwie war es total rummelig und man musste schon gut auf seine Sachen aufpassen.
Eigentlich wollten wir ja auf den Turm hinauf, aber da hätten wir lange anstehen müssen. Da hat Helmut doch lieber ein Eis in Ruhe geschleckt und wir haben das Treiben rundherum auf uns wirken lassen.
Danach haben wir versucht Sacre Coeur aufzusuchen.
Die Fahrt dorthin war höllisch. Im Kreisverkehr-riesig- ein kreuz und quer und durcheinander und diese Motorräder-bzw. Roller und das Navi sagte ewig nehmen sie die 6. Ausfahrt- fragte man sich nur von wo aus gezählt. Bin dann einfach abgebogen und wir haben unverrichteter Dinge den Rückweg angetreten. Haben alles unbeschadet überstanden.

28

Wir haben eine ruhige Nacht verbracht und wie es aussieht bekommen wir auch schönes Wetter.

Helmut schläft noch- der Fasan krächzt durch den Garten – der Kuckuck schreit und die Vögel zwitschern- Natur pur- was will man mehr.

Unser heutiger Plan ist das Schloss Thoiry zu besichtigen, aber da Helmut so schlecht laufen kann ist es nur eine Spazierfahrt und Besichtigung von Ferne.

Haben es uns dann im Garten gemütlich gemacht.

Die folgende Nacht war etwas unruhig, habe Helmut 2 Baldrian Dragees gegeben und danach haben wir noch gut geschlafen.

Den ganzen Tag war es bewölkt, am Spätnachmittag gab es Regen.

Wir haben gekocht – einen Mittagsschlaf gehalten, Kaffee getrunken, Kamin angemacht, gelesen, gekuschelt, Abendbrot gegessen, gelesen und dann früh schlafen gegangen. Für mich Erholung pur.

Nach dem Abendbrot habe ich noch den Garten betrachtet und siehe da- ein Reh auf der Lichtung- superschön.

Helmut hat einmal gesagt, dass er nach Hause möchte, habe ihm dann erklärt, dass wir noch in Urlaub sind und am Dienstag nach Hause fahren.

In der Nacht haben wir super geschlafen- bin einmal von Helmuts schnarchen wach geworden, dann aber weiter gut geschlafen.

Ich genieße wie immer den frühen Morgen, die Vögel zwitschern und man weiß noch nicht, wie das Wetter wird.

Es hat den ganzen Tag geregnet- hieß für uns kochen, essen, lesen, ruhen, essen.

Helmut wird langsam aufgeregt, weil wir morgen nach Hause fahren. Am liebsten würde er schon lossausen.

Das Schlafen in der Nacht gestaltet sich zu Anfang etwas unruhig, dann aber doch ganz gut bis 5.30 geschlafen.

Wir stehen gemütlich auf, Frühstück, duschen, Sachen packen (wie der Auszug aus Ägypten).
Das Wetter ist nicht toll- unverändert Regen. Alles auf-und wegräumen, das Haus besenrein machen, Frau M. anrufen, dass wir startklar sind.
Abschied nehmen ist immer schmerzlich, aber wir freuen uns jetzt auf zu Hause.
Wir starten um 8.30 – Helmut lässt mich nicht aus den Augen- hat Angst, dass ich ihn zurücklasse.
Wer glaubt, dass um 8.30 die Straßen frei sind, der hat sich geschnitten. Es krabbeln alle aus den Löchern und wir fahren stop and go nach Paris.
Nach knapp 2 Stunden für 46 km lassen wir Paris hinter uns. Das Wetter ist ätzend und ändert sich erst spät, sodass wir entspannter fahren können.
Weil das Navi lange nichts sagt, meint Helmut, dass wir verkehrt sind und ich sollte mitten in einer Baustelle doch mal anhalten und nachfragen, ob wir richtig sind. Oh, oh Überzeugungsarbeit ist angesagt.
Hier beschließe ich, dass wir keine so weite Reise mehr antreten werden.
Bis Maastricht läuft es gut, dann Großbaustelle- wieder Stau- mehr stehen als fahren.
Von 3 auf 2- auf 1 spurig und dann über den Standstreifen. Es riecht verbrannt- wir kommen an der Unfallstelle vorbei- umgekippter LKW- ausgebrannter PKW- Stau mehr als 30 km.
LKWS drehen auf der Autobahn- dann wieder langer Stau.
Der Rest der Fahrt verläuft ungestört und wir wollen nur noch nach Hause und Thea und Jule abholen.
Die Wiedersehensfreude ist groß und wir sind froh und glücklich unversehrt nach Hause gekommen zu sein.
Der Schornsteinfeger in Bazoches hat uns Glück gebracht.
Und wieder ist ein schöner Urlaub zu Ende, wobei der nächste wird kommen **À bientôt 2014**

29

Der Alltag hat uns wieder und ich erledige all die Arbeiten, die liegengeblieben sind.
Bestelle ein neues Küchenfenster, mit Thea zum Tierarzt- Herzprobleme? - einkaufen, kochen, waschen….
Es regnet in einer Tour- gut für den Garten, aber mir schlägt es jetzt langsam aufs Gemüt- schließlich haben wir fast Ende Mai.
Am Freitag kommt zum ersten Mal für 2 Stunden T. vom Pflegedienst zur Betreuung. Wir haben uns im Vorfeld schon getroffen und jetzt müssen Helmut und sie sich erstmal an einander gewöhnen.
Für mich heißt es auch loslassen und jemanden in unser Leben und Haus lassen.
Wird schon klappen.
Es hat alles gut geklappt, außer dass Jule mal wieder ab gedüst ist- Leine von der Hand gerutscht- war aber wieder schnell zurück.
Helmut war wie immer aufgeregt, dass ist er bei mir dann aber auch.
Wir werden den Zaun erhöhen für die Ausreißer- heißt sowohl für den Zwei-wie den Vierbeiner.
Ich gehe wieder arbeiten und nach der ersten Woche habe ich das Gefühl ich könnte schon wieder Urlaub gebrauchen.
Eine kleine Auszeit gibt es mit den Kolleginnen beim Stadtbummel- in der Zeit ist T. da.
Helmut war gestern etwas neben der Spur-, aber alles gut zu Händeln.
Meine Arbeit macht mir im Moment nicht sehr viel Freude- liegt wohl an den Umständen von hohem Krankenstand, Personalabbau und Hektik.
Eine ereignisreiche Woche mit vielen Terminen, die zu bewältigen waren, geht zu Ende und das Wochenende ist in Sicht. Heißt Arbeiten erledigen, die unter der Woche liegengeblieben sind.
Gestern musste ich mal eine Runde „ nach Hause" fahren und dann war Helmut wieder zufrieden.

Nach einer Woche mit Wetterkapriolen und den schlechtesten Nachrichten- mein Bruder Erwin hat Magenkrebs- haben wir heute mal richtig geklüngelt.
An den letzten Tagen ab 17.15-18.00 wollte Helmut immer „nach Hause".
Welch Diskussionen immer und immer-bis es wieder gut war.
Einmal ums Karree fahren- einmal durch die Haustür raus- seitlich ums Haus, an der Terrasse angekommen.
Ich beschäftige mich jetzt mal mit der Rente- muss ja etwas weitsichtiger denken, denn ich weiß ja nicht, was noch so kommt.
Ich denke an Rente- war für mich überhaupt noch kein Thema.

Ende Juni lief noch die Heizung, da es kalt war, aber der Sommer hat es sich dann doch überlegt und es wurde wärmer.
Die Tage vergehen, eine Woche ist gar nichts. Ich hatte meine Gesprächstherapie und T. war bei Helmut.
Er war nicht gut drauf, hat geweint und nach seiner Mutter gefragt. Ich bin mit ihm nochmal losgefahren- er wollte eine Bratwurst und danach noch ein Eis.
In der Woche hatte ich auch noch 2 Stunden mit Frau B. –Supervisorin- die mir gut getan haben, aber gleichzeitig auch sehr weh.
Sie hat mir nochmal deutlich gemacht, wie ich mit der Demenz von Helmut umgehen muss und wie ich auch mit mir und der Zukunft umgehen muss.
Bei ihm bricht der „Winter" an und es ist Schritt für Schritt ein Abschied.
Alle Dämme brechen, dass will man gar nicht hören- was für eine Scheißkrankheit.
Ich muss lernen, damit umzugehen und es zu akzeptieren, fällt mir nicht immer leicht.
Am Dienstag kommt der MDK, da ich eine höhere Pflegestufe beantragt habe. Die Vorbereitung dafür ist sehr arbeitsintensiv.
Dank guter Vorbereitung hat auch alles reibungslos geklappt.
Lieber wäre mir Helmut gesund, aber so gibt es mir Unterstützung, um auch ein paar Stunden Auszeit zu haben.
Ergattere Karten für Starlight-Express für Betti und mich-juhu.
Noch 7 Wochen bis zum Urlaub.
Mein Bruder ist endlich operiert worden –er hat alles gut überstanden und ich hoffe inständig, dass alles gut wird. Zurzeit alles doof.
Nichts ist unendlich- vor allem nicht das Leben. Gott sei Dank denkt man nicht jeden Tag so tiefsinnig, sonst wird man verrückt.

Habe meinen Bruder besucht und mich erschrocken, denn er hat schon sehr abgenommen. Er ist sehr positiv gestimmt, aber ich weiß nicht, wie es in seinem Inneren aussieht.
Die Lymphknoten sind auch befallen, will gar nicht darüber nachdenken, weil schon klar ist, wie es endet.
Es tut verdammt weh- wieviel kann man ertragen?
Ich war am Montag im Schwimmbad Voerde und habe viel Zeit gehabt und ich fragte mich
„ Wo ist die Zeit geblieben?".
Man kann sie nicht zurückholen und auch nicht festhalten- das gilt für „alle".
Muss mich stabilisieren, denn ich brauche meine Kraft.
Hier zu Hause läuft soweit alles rund- mal mehr mal weniger gut, aber es läuft. Wir und ich ändere die Situation nicht.
Lieber Gott gib mir weiterhin die Kraft alles gut zu meistern.

31

Meine Stimmung war und ist bedrückt- muss daran arbeiten.
Mein Bruder ist guter Dinge. Man kann sich das alles nicht vorstellen. Es ist nicht greifbar- es ist unbegreiflich.
Mein Helmut wollte am Abend wieder „nach Hause"- sind eine Runde durch den Wald gelaufen und waren dann „ zu Hause".
Das Wetter ist mehr als heiß (über 30°)- nichts für mich. Muss schon mal eine Runde mit Helmut fahren, ab und an auch mal meckern, vor allem wenn er meint durch das Küchenfenster abhauen zu müssen.
Meinem Bruder steht die erste Chemotherapie bevor und ich drücke alles was ich drücken kann und bete inständig, dass es anschlägt. Er selbst ist auch sehr positiv.
Eine Höllenwoche – Temperatur- und arbeitsmäßig ist vorbei und ich habe endlich Wochenende. Die Temperaturen machen mir arg zu schaffen – mir ist dauernd etwas übel.
Helmut war in der Woche bis auf die Spätnachmittage gut zurecht.
Es folgt ein Abend, wo er schlecht drauf ist- er ist richtig wütend und angriffslustig. Diskussion und Gemecker – er wollte wieder „nach Hause". Ich glaube ihm bekommt die Hitze nicht.
Wenn er dann mal zur Ruhe gekommen ist und schläft, genieße ich die Zeit für mich um zu entspannen, weil sonst ist man ja immer auf dem Sprung.

Und schon haben wir August.
Ich leide unter Schwindelattacken- mir bricht der Schweiß aus und mir ist übel bei dem Gedrehe. Ich bekomme Tabletten verordnet und hoffe auf Besserung.
Wir haben anhaltende Hitze- mir ist trotz der Tabletten noch plömmelig und ich versuche jetzt einen Termin beim HNO zu bekommen.
Ansonsten läuft alles gut, aber es bleibt immer die Anspannung, weil man nie weiß, was kommt.

Helmut wollte mal wieder „nach Hause" und ist bei der Hitze Richtung Frankfurter-str. gelaufen. Frau K. hat ihn dann überzeugt, doch mit mir nach Hause zu gehen.
Man kann nicht nachvollziehen, was da so abläuft und wie er was sieht oder was er wie sieht.

Großes Rätsel ?!

Helmuts Geburtstag ist verregnet- aber endlich etwas Abkühlung und Wasser für die Pflanzen.
Ich habe mal wieder 3 Stunden Freizeit für mich und nutze sie, um ein paar Inspirationen für eine neue Küche zu sammeln.
Gestaltung, Zeitpunkt und Zeitaufwand der Maßnahme – alles ist zu bedenken. Werde ich schon hinkriegen.

Plan-Umsetzung-Freude

Bin fündig geworden, hatte schon mal eine gute Beratung, werde aber noch meine Freundin Betti zu Rate ziehen, denn 4 Augen sehen mehr als 2.

Ziel setzen-Weg gehen-erreichen!!!!!!

Mein Helmut ist am Abend mal wieder etwas sauer und wuschig. Da ich schon alles abgeschlossen hatte, war er sehr wütend und hat aus dem Schlafzimmerfenster nach der Polizei gerufen. Hat sich dann irgendwann wieder gelegt. Mein Kopf war zum Zerplatzen.

Wir haben Urlaub und ich wünsche mir 3 schöne Wochen.
Als erstes kommt das neue Küchenfenster, dann ein Shoppingtag mit meiner Freundin Betti.
Wir wollten ja nach einer Küche schauen. Daraus ist dann ein Küchenkauf geworden. Wir hatten eine tolle Beratung und ein super Angebot, da konnte man nicht anders. Muss nur noch ein Einbaudatum finden.
Helmut und ich machen eine Rheintour mit der River Lady nach Arnheim (Holland).Es ist super schönes Wetter und wir können den Rhein mal von einer anderen Seite sehen.
Aufenthalt in Arnheim 3 Stunden- wir kommen nur bis zum Anfang der Stadt, da Helmut die Beine wehtun.
21.30 Uhr wie geplant wieder im Heimathafen – Fazit: 12 Stunden unterwegs ist für Helmut einfach viel zu lange.
Erholungstag- eine Runde mit dem Auto gedreht-Helmut will am Abend wieder flüchten, hat sich dabei am Zaun verletzt.

Montag wird der Zaun erhöht und ich schneide schon mal die Sträucher und etwas an den Bäumen.
Weitere Planung Küche läuft auch- Vorbereitung ist alles.
Ein yeah yeah Tag –heißt meine Küche kommt im November.
Ich mache einen Ausflug mit den Kolleginnen nach Köln- die Mädels haben mich bearbeitet, da ich nicht mitfahren wollte. T. kommt zu Betreuung für Helmut, damit er nicht so lange alleine ist. Hat alles gut geklappt und ich hatte auch etwas Abwechslung.

33

So langsam kommt die Olle Jahreszeit, ich habe ein Stimmungstief, weil es im Moment so viele Kranke mit Krebs um mich gibt. Muss man erstmal verdauen.
Nichts ist von Dauer-das Leben ist endlich-ich weiß-aber man muss damit erstmal zurechtkommen.
Mein Helmut ist mal wieder sehr wuschig und auch etwas aggressiv. Habe ihm etwas zur Beruhigung gegeben und so hatten wir beide eine ruhige Nacht und darauf auch einen ruhigen Tag.
Habe ihm vom Kauf der neuen Küche berichtet, damit er sich darauf einstellen kann und ich werde auch noch mit ihm ins Möbelhaus fahren, um ihm zu zeigen, was ich ausgesucht habe.

Nach vielen Wochen gibt es endlich Regen und die Natur wird von ihrer Durststrecke befreit. Es war alles so trocken, dass man eine Staublunge bekommen konnte.
Habe noch ein paar Sträucher und Äste gestutzt und unser Nachbar hat uns den Haselnussbaum an der Garage noch kurz geschnitten.
So habe ich alles geschafft und ich war geschafft.
Komme dann auch mal dem Drängen der Gynäkologin nach und lasse eine Koloskopie machen, natürlich auch für mich zur Beruhigung- alles okay.
Der Termin für die Küche rückt näher und ich bin voller Vorfreude.
Mein Helmut schreibt mir etwas ins Tagebuch-schön.

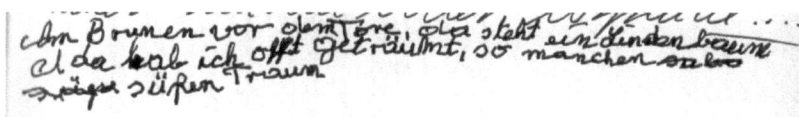

Hat sich sehr viel Mühe gegeben.

Die Zeit rennt und Schwupps fahre ich mit Betti nach Bochum in Starlight Express.

Vorher gab es aber noch etwas Stress, da T. nicht wie besprochen zur Betreuung eingetragen war. Jemand wildfremdes kommt und ich bitte meine Mutter auch zu kommen, damit Helmut sich nicht wundert und die Vertretung auch reinlässt. Da war ich dann auch schon beruhigter.
Es hat alles gut geklappt-für mich aber unnötiger Stress im Vorfeld.
Der Herbst hat uns erreicht- es ist frisch geworden.
Noch 4 Wochen und ich kann mit der Küchenrenovierung starten- die Spannung steigt.

34

Ich besuche meinen Bruder, der sehr dünn geworden ist, die Chemo ist halt anstrengend aber er meistert es taff. Er hat noch viele Vorhaben in seinem Kopf und ich wünsche ihm sehr, dass er noch einige umsetzen kann.
Bei Helmut läuft es gut, bis auf die plötzlichen Um Schwenkungen, aber ansonsten kann ich nicht klagen.
Die Zeit verstreicht mit reichlich Arbeit und Vorbereitungen für die Küchenrenovierung- Vorfreude pur.
Mein Bruder Erwin hat mit seiner Chemo zu kämpfen- ihm tun alle Knochen weh und er hat auch sehr nah am Wasser gebaut. Es tut schon weh, wenn man nicht so wirklich helfen kann .Die Ängste, die er hat kann man nur erahnen, es bedrückt mich und macht mir auch gleichzeitig Angst. Man ist völlig hilflos. Wir wachsen in dieser Situation nochmal anders zusammen.
Es ist soweit- Küchenabbau mit Unterstützung von Helmut – kleinerer Heizkörper wird eingebaut- Elektrokabel werden verlegt. Löcher zuschmieren- Reibeputz auftragen mache ich selbst-Mammut Arbeit. Der Kücheneinbau klappte reibungslos-es ist alles im Ganzen stimmig und gemütlich. Helmut hat alles beobachtet und hat es auch gut angenommen.
Mein Bruder Erwin will sich unsere Küche nach seiner Chemo anschauen. Dazu ist es aber leider nicht mehr gekommen.
Während ich zu einer Fortbildung war, hat mich meine Schwägerin angerufen, dass es Erwin nicht so gut geht, da er eine Pneumonie entwickelt hat.
Da ist man nicht mehr Herr seiner Sinne-bin sofort nach Hause bzw. zur Schwägerin - sind dann zusammen ins Krankenhaus gefahren. Mein Gott hab ich mich erschreckt. Er hat immer noch Witzchen auf Lager (Galgenhumor) und organisiert immer noch alles, aber er hat auch viel geweint und von Vati gesprochen.
Er weint und fragt, was er verbrochen hat und er hätte doch keinem etwas getan- da steht man dann und soll Stärke zeigen,

wo man eigentlich nur vor lauter Wut schreien möchte. Irgendwie ist das alles ungerecht.
Das Antibiotikum hat gegriffen, aber er ist sehr schlapp.
Leider ist wieder etwas nachgewachsen und die Chemo hat auch nicht so gegriffen, wie man es sich wünscht.

Es ist die Pest!!!!!

35

Bin mit meiner Mutter ins Krankenhaus gefahren. Erwin schlief, da endlich mal der Schluckauf und das Erbrechen sich beruhigt hatten. Aber er hat schon mitbekommen, dass wir da sind. Er schlief immer wieder ein, da er Morphin laufen hatte. Welch ein Leiden bei dieser scheiß Krankheit.
Ich hoffe, dass er sich nochmal bekrabbelt und nach Hause kommt. Ich wünsche es ihm so sehr.
Mein Helmut möchte nicht mit ins Krankenhaus fahren- er schafft das nicht- ist total traurig und kann es glaube ich schlecht verkraften, da ich ja auch so oft heule, wenn jemand mit mir telefoniert und sich erkundigt.
Bin mit meiner Mutter nochmal ins Krankenhaus gefahren. Erwin hat bis auf ein paar kurze Momente nur geschlafen- er hat auch total Wasser eingelagert.
Ich bin am nächsten Vormittag wieder gefahren- es sollte mein letzter Besuch sein, denn am Abend ist mein Bruder für immer eingeschlafen-unvorstellbar.
Ich bin froh, dass ich am Morgen noch da war, denn ich hatte lange Zeit mit ihm alleine- er wirkte sehr unruhig, wollte immer etwas sagen, konnte es aber nicht verstehen.
Es tut verdammt weh.
Mein Helmut sagt mir: er hätte einen Fehler? er würde oft meinen Namen vergessen- wir haben dann besprochen, wie wir es machen- natürlich keine Ratespiele, sondern einfach Brigitte, Boldo oder Gittilein sagen.
Am Abend war er sehr kuschelbedürftig-die Situation mit Erwin belastet ihn doch sehr.
Es ist alles so unwirklich und traurig. Das normale Leben rennt weiter- die Umwelt weiß ja nicht, was passiert ist- sieht es dir nicht an.
Montag treffen sich alle nochmal am Friedhof um Abschied zu nehmen-dann gibt es keine Gelegenheit mehr. Ich kämpfe mit

mir, ob ich Erwin so sehen möchte- ich tendiere eher zu nein, frage mich aber gleichzeitig, ob ich es bereuen werde.
Ich entscheide mich zu fahren und ich nehme auch Abschied- bin froh, dass ich es getan habe-es sah aus, als würde er schlafen- ich kann es immer noch nicht fassen –wo ist die Zeit geblieben.

Die Tage rennen so dahin-das Leben rennt wie gewohnt weiter, ohne Rücksicht auf Verluste.
Neurologentermin für Helmut wahrgenommen. Helmut musste Fragen beantworten-war nicht so toll –na ja; dann EEG –Gespräch-Medikation kann so bleiben. Dr. B. war mehr als zufrieden mit Helmuts Gesamtzustand.
Morgen wird nochmal ein schwerer Tag für uns- meinen Bruder Erwin auf seinem letzten Weg begleiten.
Als wir hinter dem Sarg hergehen, fliegen mir so viele Gedanken durch den Kopf. So langsam vorwärts, wo er doch das schnelle Autofahren liebte- verrückte Gedanken…

Hatte meinen Kontrolltermin beim Kardiologen, wo soweit alles okay war, bis auf den Ausgangswert des Blutdruckes und dass ich das Belastungs-EKG abbrechen musste.
In der Zeit war ein Azubi bei Helmut, der die Generalprobe hatte. Das Katheter Ventil war ab und im Flur alles voll Urin; ansonsten hat es geklappt.
Die Adventszeit fängt an, das Jahr neigt sich dem Ende. Es war ein schönes, anstrengendes und trauriges Jahr. Aber so ist das Leben-ein Kommen und Gehen auf dieser Erde- man weiß nie was kommt –Gott sei Dank, sonst würde man ganz verrückt.
Es folgt ein trauriges Weihnachtsfest und ich kann es immer noch nicht glauben, dass mein Bruder nicht mehr lebt.

2014

Dieses Mal haben wir den Jahreswechsel etwas wacher mitbekommen. Die Knallerei war wie immer furchtbar, vor allem für die Tiere.
Meine Hoffnung an das neue Jahr ist, dass es entspannter abläuft, ohne Lebensverluste.
Mein Bruder fehlt mir- wenn du denkst ruf ihn mal eben an, er war ein guter Berater für mich, ach ne –geht nicht-muss ich halt so mit ihm sprechen.
Anfang Januar haben wir nochmal eine Baustelle: Schlafzimmer. Höheres Bett, da Helmut einen elektrischen Einlegerahmen hat und wir unterschiedlich hoch liegen ist es schon sinnvoll.
Helmut äußert seinerseits Unruhe- er wurde grantig und wollte unbedingt nach Hause- habe ihn dann laufen lassen. Er ist in den Wald gelaufen. Bin mit Thea und Jule hinterher.
Er ist in das Gestrüpp-ich sage immer Dschungel-gelaufen und er war froh, als ich dann kam. Er ist ohne Probleme mit mir zurückgegangen.

Die Tage stecken manchmal voller Überraschungen, die man nicht benötigt. Vor allem, wenn man K.O. nach Hause kommt. Helmut steht am Zaun im Garten- beide Hunde weg. Habe sie dann schon bellen gehört, an der viel befahrenen Frankfurter-Str... Bin losgelaufen und Gott sei Dank stand da eine Mitarbeiterin der Apotheke und hatte sie schon festgehalten. Sie hatte die Polizei informiert, die ich dann wieder angerufen habe und erklärt habe, was passiert ist. Helmut hatte beide zusammen angeleint und über den Zaun gesetzt.

Aktion Schlafzimmer ist vollbracht-   es hat alles gut geklappt und wir sind total begeistert.

Mein nächstes persönliches Ziel ist es etwas abzuspecken mit WW und das mache ich gemeinsam mit zwei lieben Bekannten. Da ist der Ansporn groß und es fällt einem leichter.

Es klappt dann auch gut, da man lecker kochen und essen kann. Ich persönlich mache mir keinen Stress mit Punkte zählen und das führt mich auch zum Erfolg.

Die Zeit rennt dahin- ich mache alles mit Ruhe und Geduld, sofern es möglich ist. Mein Helmut ist nachts schon mal wanderlustig im Haus unterwegs- dank Vollmond.

Welch spannende Woche.
Ich habe auf einen Aufruf vom VdK geantwortet und dabei rausgekommen ist eine Einladung nach Berlin zur Auftaktveranstaltung „Pflegereform jetzt" am 25.3. Bin dabei und warte auf konkrete Informationen. Welch Spannung, aber ich finde es schon wichtig, dass man so auf Missstände aufmerksam machen kann.
Helmut geht dann für die Zeit in die Kurzzeitpflege nach Xanten. Es wird die Premiere und ich hoffe, dass er gut zurechtkommt. Ich habe es mir vorher angesehen und auch alles besprochen, was ich im Vorfeld erledigen muss.
Ich habe eine Weile warten müssen und hing meinen Gedanken nach- wo ist die Zeit geblieben- das kann alles doch nicht wahr sein- ich muss meinen immer aktiven und sportlichen Helmut hier unter bringen- die Tränen laufen nur so.

Der Frühling ist da und zeigt sich von seiner schönsten Seite.
Grandiose Woche- mein Flug und das Hotel sind gebucht- Spannung pur.
Das abnehmen läuft auch gut- bin stolz auf mich.
Eine Aufregung jagt die andere. Der absolute Kracher: Am Sonntag kommt der WDR zu uns nach Hause um uns hier zu filmen, wie unser Tag so verläuft. Mir ist schon pömmelig, aber ich will ja etwas bewegen.
Das Filmen hat gut geklappt - es war total spannend und ich bin gespannt, was wir am Dienstag im Morgenmagazin zu sehen bekommen.
Anschließend habe ich Helmut nach Xanten gefahren- komisches Gefühl.
Nach Hause- ganz alleine-schon eigenartig. In der Nacht unruhig geschlafen- mit Kopfschmerzen aufgestanden- ist wohl die Nachwirkung von den Aufregungen.

Reisetasche gepackt- habe hoffentlich nichts vergessen und dann auf nach Berlin zur nächsten Etappe.
Meine Schwägerin bringt mich zum Flughafen nach Düsseldorf, bin ja erst einmal vor gefühlten 1000 Jahren geflogen- habe also keine Ahnung, wie es geht.
Es hat alles gut geklappt-der Flug war super-der Start oh oh- habe auf alle Geräusche geachtet.
Hatte einen Fensterplatz und somit alles im Blick. Über den Wolken in 9000 m Höhe in die Kurve oh oh-überstehe es gut und lande wohlbehalten in Berlin Tegel.
Von hier aus geht es mit dem Bus- muss Hilfe in Anspruch nehmen- fahre ja nur mit dem Auto- Richtung Hotel. Ich wohne im Maritim Hotel Friedrichstr./ Ecke Unter den Linden.
Schönes Doppelzimmer. Nachdem ich erstmal alles erledigt hatte, habe ich beschlossen nochmal loszugehen, um eire Sightseeingtour mit dem Bus zu machen. War aber zu spät, da noch Winterfahrplan galt. Mich hat dann aber trotzdem ein netter Busfahrer umsonst bis zum Reichstag mitgenommen und hat mir auch alles erklärt. Toll!!
Wollte mich zur Besichtigung anmelden- hätte aber erst um 19.00 Uhr oder am nächsten Tag reingekonnt. Beides nicht möglich.
Bin dann in Richtung Brandenburger Tor gelaufen und die Hauptstr. weiter zurück.
Habe in einem Restaurant lecker gegessen, da ich ja nur gefrühstückt hatte und danach in Richtung Hotel wieder zurück- wobei ich auf dem Weg noch in einige Geschäfte gegangen bin.
Ich alleine in Berlin-super.
Im Hotel zurück habe ich es mir gemütlich gemacht, in der Kurzzeitpflege angerufen und mich nach Helmut erkundigt- alles gut.
War gespannt auf den nächsten Tag.

38

Habe gut geschlafen und bin um 4.00 Uhr wach geworden- bin ja Frühaufsteher.
Ist ja auch schon aufregend unter dem Himmel von Berlin zu schlafen. Langsam wird die Stadt wieder lebendiger und ich bereite mich voller Spannung auf den heutigen Tag vor.
Im Morgenmagazin wird unser Dreh vom Sonntag gezeigt in Zusammenhang mit der Auftaktveranstaltung des heutigen Tages. Finde ist gut gelungen. Schon komisch es so zu sehen.
Schade, dass ich keine Zeit mehr habe, um heute noch etwas zu unternehmen. Aber ich werde nochmal wiederkommen.
Nach einem reichhaltigen Frühstück checke ich aus und wandere Richtung Brandenburger Tor zu den Ministergärten. Das ist die Adresse des Ministeriums Saarland.
Es sind nur wenige Leute da, als ich ankomme, das soll sich aber bald ändern.
Auf der Bühne stimmt sich Purple Schulz ein. War mir nicht so bewusst, wer er ist. Natürlich bei dem Hinweis auf das Lied verliebte Jungs wusste ich Bescheid. Er war mit seiner Frau Erika und Familienhund da. Sehr sehr nett.
Er hat das Lied Fragezeichen? geschrieben und einen passenden Film dazu gemacht. Es geht um die Demenz. Er hat es während der Veranstaltung aufgeführt. Habe total geheult.
Die ganze Veranstaltung war in meinen Augen ein voller Erfolg. Eingangsreden-dann wurde ich interviewt- in einem lockeren Gespräch, dank eines großartigen Moderators- Herr Hegemann aus Hamburg. Wir haben uns im Vorfeld besprochen und ich muss sagen –klasse. Würde es immer wieder machen.
Diskussion mit politischen Abgeordneten und zum Schluss nochmal ich.
Während der Veranstaltung hatte ich Gelegenheit mit der Vorsitzenden des VdK Frau Mascher, der Vorsitzenden der Alzheimer Gesellschaft Frau Lützow-Hohlbein und dem Landesminister Rheinland-Pfalz ein paar Worte zu wechseln.

Bei der anschließenden Diskussion mit Vertretern der Bundesregierung wurde versprochen bis 2016 etwas zu verändern. Ich werde es beobachten.
Nach Ende der Veranstaltung bin ich in Richtung Bahnhof gelaufen. Es zogen schwarze Wolken heran und ich hatte großes Glück, dass am Reichstag ein Taxi stand. Bin damit dann zum Flughafen gefahren. Unterwegs hat es ordentlich gehagelt und ich war glücklich, dass ich es so gemacht habe.
Hatte einen guten Rückflug und musste erstmal wieder hier ankommen.
Ein tolles Erlebnis.

39

Ich habe ein paar Tage Urlaub, die ich zu Hause verbringen werde, da ich es vorgezogen habe mir einen Schreibtisch zu kaufen.
Helmut fährt ein paar Tage in sein „Betreuungshotel". Wir sind wieder nett empfangen worden-er hat ein schönes Zimmer und fühlt sich sichtlich wohl.
Nach dem Mittagessen möchte er schlafen und ich kann mich beruhigt auf den Heimweg machen.
Habe die freie Zeit genutzt um den Garten in Ordnung zu bringen, zu putzen, den Schreibtisch abgeholt und auch einfach mal relaxt- alles ohne Zeitdruck.
Helmut ruft zwischendurch an, er hat Sehnsucht und möchte meine Stimme hören-schön.
Während des Aufenthaltes ist er auch einmal weggelaufen-in den angrenzenden Wald - es ist ja alles offen. Haben ihn aber mit Hilfe der Polizei schnell wiedergefunden.

Die Tage vergingen wie im Flug und ich habe einen entspannten Helmut wieder abgeholt.
Wir haben noch eine gemeinsame Woche Urlaub und wir haben zusammen noch den Sperrmüll und die alten Fliesen entsorgt.
Helmut braucht ja auch etwas Beschäftigung und er soll das Gefühl haben gebraucht zu werden.
Am Wochenende hatte ich ein paar Freizeitstunden für mich geplant, die aber jäh unterbrochen wurden, da Helmut während des Spaziergangs meinte er müsse Richtung Wesel laufen. Er hat sich von der Betreuerin auch nicht überreden lassen zurück zu gehen.
Also flux nach Hause. Sie waren mitten auf der Kanalbrücke hinter der Absperrung und ich habe vor lauter Wut und natürlich auch Sorge erstmal mit Helmut geschimpft. Alle ins Auto gepackt und erstmal wieder langsam beruhigen.

Die Zeit rennt und Schwupps ist Juni.

Ein Schreckenstag: als ich nach dem Dienst nach Hause komme empfangen mich Thea und Jule aufgeregt im Garten.
Mein Helmut sitzt auf der Gartenbank und im ersten Moment denke ich er ist tot - es hat lange gedauert bis er ansprechbar war.
Ich weiß gar nicht mehr so richtig was ich alles gemacht habe, habe einfach nur funktioniert-anschließend gezittert wie Espenlaub. Man, das braucht man nicht so wirklich.
Bei der Hausärztin EKG in Ordnung – es wird der Medikamentenspiegel kontrolliert – Termin beim Neurologen zum EEG.

Gut, dass man nicht weiß, was einen noch so alles erwartet.

40

Welch Nacht; nachdem Helmut schon in den Nächten zuvor ein Nachtschwärmer war, gab es jetzt das absolute Highlight.
Helmut war nicht in seinem Bett und ich bin durch das ganze Haus gelaufen. Dachte schon er hätte sich in Luft aufgelöst- nein – er hatte so lange an der Terrassentür gerummelt, bis sie losging.
Da der Griff aber auf zu stand habe ich es zuerst nicht so wahrgenommen.
Habe das Flutlicht im Garten angemacht (2.15 Uhr) und er stand hinten, am Zaun festhaltend, im Garten.
Ich hatte 500 Blutdruck. Er konnte noch nicht lange draußen sein, denn er fühlte sich warm an.
Habe ihn ins Bett gepackt und ich musste mich erstmal beruhigen. Habe dann schon um 4.00 Uhr geputzt.
Um 10.00 Uhr kam die Betreuung, da ich heute meine Cousine nach über 30 Jahren wiedertreffen würde. Wir waren bei meiner Schwägerin verabredet, weil wir zum Grab meines Bruders gehen wollten.
Beim Losfahren zu Hause habe ich dann in all der noch in mir steckenden Aufregung das Auto der Betreuung beim Rausfahren aus der Garage angefahren. Nicht mein Tag.
Habe mir mal eben das Fahrrad, das ich mir gestern angesehen habe gekauft.
Große Wiedersehensfreude mit meiner Cousine– gemeinsames Mittagessen und Spaziergang zum Friedhof mit abruptem Ende für mich.
Helmut ist mal wieder nicht zu führen- er will unbedingt zum Bahnhof und lässt sich davon auch nicht abbringen. Also wieder nach Hause. Ich habe geheult vor lauter Wut.

41

Da ich ja an mich denken soll, plane ich einige Aktivitäten, in der Hoffnung, dass alles klappt.
Melde mich und meine Schwägerin für eine Radtour des VdK an, besorge mir Karten für die Lesung von Christine Westermann im Rahmen des Fantastivals in Dinslaken.
Radtour ins Wasser gefallen, da es mit der Betreuung mal wieder nicht geklappt hat- es ist schlichtweg keiner gekommen. Habe geheult vor lauter Wut, da es mir mal wieder gezeigt hat, wie abhängig man von anderen Personen ist. Scheiße!!!!!!!!!!!!

Nachdem ich mich beruhigt hatte, war meine Schwägerin hier zum Kaffee. Wir haben zusammen geheult und danach sind Helmut und ich noch eine Runde spazieren gefahren.
Mal gespannt, was der Pflegedienst zu seiner Entschuldigung sagt.!?
RA L. ruft mich an, ob ich bei einer Beschwerde an das Bundesverfassungsgericht mitmache. Es geht um Pflege und Versorgung im Alter, über die schlechten Bedingungen und nicht zu erfüllenden Leistungen auf Grund von Mangel an Pflegepersonal.
Bin dabei!!!!!!
Im Laufe der Woche kommt ein Entwurf der Schrift. Bin gespannt.

Mein Sommerurlaub startet nach einer noch sehr stressreichen Woche. Direkt zu Anfang kommt noch unser neues Badezimmerfenster, danach ist Erholung angesagt.
Ich hole die versäumte Radtour nach, in dem ich mit meiner Schwägerin rund um die Xantener Nordsee-Südsee fahre. 13 km –fürs erste genug für den Popo- habe aber keinen Muskelkater.
Gehe morgens schwimmen- Brötchen vom Bäcker holen und wir frühstücken gemeinsam und entspannend.
Lesung von Christine Westermann im Burgtheater – sehr sympathische Frau- toll.

Die Zeit rast so dahin- wir nehmen Arzttermine wahr, die zufriedenstellend sind.
Ein Ausflug mit der Station in den Allwetterzoo nach Münster- tolles Wetter- gute Stimmung-schön.
Diesmal hat alles reibungslos mit der Betreuung geklappt.
Wir machen einen Besuch bei meiner Cousine in Langenfeld, wobei Helmut am Spätnachmittag etwas unleidlich wird, na ja es ist heißes Wetter und es sind viele Eindrücke für ihn.
Es gibt meinerseits Heulphasen, wenn ich an früher zurückdenke, danach geht es mir besser. Na ja so ist das Leben.

42

Alles geht seinen Gang. Neue Aufgaben erwarten mich, die es zu bearbeiten gibt. Wäre ja auch sonst langweilig und Langeweile kann ich ja gar nicht ab.   Witz!!!
Die Polizei ruft bei mir auf der Station an. Mein Helmut hat im Garten um Hilfe gerufen und ein Jogger hat die Polizei informiert. Bin sofort losgedüst und hier war die Polizei schon mit Helmut im Haus. Zu alledem war auch noch Jule ausgebüxt. Grrrrrrrrrrrr.
Die Polizistin hat mir dann auch noch Vorwürfe gemacht, dass ich Helmut alleine lasse, das ginge ja gar nicht. Hat mir auch noch mit dem Ordnungsamt gedroht, falls es nochmal vorkommt.
Ich war völlig am Boden zerstört- ich mache doch wirklich alles, was in meiner Macht steht, damit es Helmut gut geht.
Waren am Nachmittag bei Frau Dr. M., die mich erstmal beruhigt hat.
Ich nehme an einer Dialogveranstaltung teil zum Thema: Was brauchen pflegende Angehörige. War sehr informativ.
Helmut geht wieder zur Physiotherapie. Im Moment ist er zunehmend wuschig, lässt sich aber gut führen.
Ein geplanter Shoppingtag mit meiner Freundin Betti wäre auch fast schiefgelaufen, da die geplante Person krank geworden ist. Fremder Ersatz sollte nur bis 13.00 kommen- ich habe gekocht- ich konnte es nicht fassen. Wieder angerufen- alles geregelt.
Hier zu Hause hat dann auch alles gut geklappt.
Helmut wollte mal wieder unbedingt nach Hause- habe ihn gehen lassen- er ist unsere Straße hochgelaufen, dann Mittelstraße.
Habe ihn mir dann von hinten geschnappt- rechts und links die Jacke genommen und ihn dann mit aller Kraft, die ich hatte, wie ein „Bulldozer" förmlich vorwärts geschoben.
Er hatte die Bremse angezogen, was mich dann wiederum viel Kraft gekostet hat. Zwischendurch hat er um Hilfe gerufen, aber keiner hat sich gekümmert- türkische Familie am Rande des Weges irritiert.

Zu Hause angekommen war er total erledigt. Hat sich dann gut Händeln lassen. Der nächste Tag war dann ein Ausschlaftag für ihn.
Die Zeit läuft und mein 60. Geburtstag ist in Sicht. Habe einen Flug am 1. Adventswochenende nach Frankreich bei meiner Brieffreundin Marie-Christin geplant. Mein persönliches Geschenk an mich selbst.
   Habe auch schon Bazoches im August gebucht- super. Fahre mit meiner Arbeitskollegin Susanne.

Bevor ich 60 werde feiert meine Freundin noch ihren 50. Und es wäre ja auch zu schön gewesen, wenn Betreuungstechnisch alles glatt gelaufen wäre. Samstags hat sie sich vorgestellt. Sie war schlecht informiert und hatte auch keinen Hausschlüssel. Es hat dann alles gut geklappt, aber ich muss mir einen anderen Betreuungsdienst suchen, auf den ich mich verlassen kann.

43

Der 23.10.2014 ein wahrhaft aufregender Tag in unserem Leben.
Nachdem im Frühjahr Frau Klughammer bei uns zu einem
Vorgespräch bezgl. einer Dokumentation für das ZDF ‚20-40-60
die Lebensabschnitte, bei uns war, ist heute der erste Drehtag.
Sie kam mit ihrem Team zu mir auf die Station, um mich bei
meiner Arbeit zu filmen. Anschließend gab es ein Interview. Wir
haben in der Cafeteria zu Mittag gegessen und sind dann zu uns
nach Hause gefahren.
Hier hat uns das wahre Leben dann auch empfangen. Helmut im
Garten, Thea und Jule, die nicht angeleint und Gott sei Dank auch
nicht ausgebüchst war. Ein „Affentheater"- es wird gefilmt- mit
Helmut gesprochen, dann haben wir einen Spaziergang mit den
Hunden aufgenommen und anschließend alles besprochen.
Danach wurde die Versorgung von Helmut gefilmt- in der Küche
ging es weiter – inklusive Interview.
Danach ging es zu Mila in meine Lieblingsbuchhandlung, zu Eva
ins Sahnehäubchen- alles klasse gelaufen- auch Helmut hat gut
mitgemacht.
Der absolute Knaller für das nächste Jahr. Ein Tag in Begleitung
des Filmteams durch Paris, wenn ich dort mit Susanne Urlaub
mache-krass.

Dank einer Mitarbeiterin des Krankenhauses habe ich nochmal
etliche Informationen bekommen, was einem alles zusteht.
Schwerbehindertenausweis erweitern – Begleitung notwendig
und unter anderem auch Stromkostenerstattung für Hilfsmittel
beantragen.
Also schreibe ich an die Krankenkasse, erhalte einen Anruf, dass
es das nicht gibt und bin irritiert, da es dazu einen Paragraphen
gibt. Widerspruch eingelegt und siehe da eine Woche später ruft
mich die gleiche Dame an, entschuldigt sich zigmal bei mir, gibt es
doch. Nochmal schreiben, irgendwie ist mein Schreiben weg.
Man, wann läuft mal was ohne Probleme? Wahrscheinlich nie.

Das nächste Projekt Reha beantragen- es graut mir schon davor, da jeder schon sagt, wird erstmal abgelehnt-schöne Aussichten.
Es folgen unterschiedlich anstrengende Tage. Helmut bringt mich schon mal zur Weißglut, wo ich eh schon von der Arbeit auf der Station geladen bin, ist er ein Trotzkopf hoch zehn.
Bin kurz vorm Platzen. Situation entspannt und beruhigt sich und ich entschuldige mich.

44

2.11.2014
Sechzig- na und-fühle mich wie gestern- gut.
Schon merkwürdig- in Kinderaugen bist du alt-habe ja auch so gedacht und erwische mich oft genug dabei, dass ich es heute immer noch denke, weil ich mich überhaupt nicht so fühle. Ist ja auch nur eine Zahl!!

Grippeschutzimpfung und Reha Antrag abgeben bei der Hausärztin. Bei so viel Auf-und Umstand vergeht einem schon die Lust, diesen Antrag zu stellen.
Anschließend EEG-Kontrolle für Helmut beim Neurologen. Gott sei Dank soweit alles in Ordnung-Kontrolle in einem Jahr. Der Tag hat uns geschlaucht.
Der ganz „normale "Ärger wiederholt sich ständig, warum auch nicht-sonst bekomme ich ja noch Entzugserscheinungen.
Ich erhalte den Anruf von einer Frau S., die fragt ob es richtig sei, dass bei uns am Samstag eine Betreuung ansteht. Bin natürlich im Vorfeld nicht informiert worden, dass schon wieder wer anders kommt.
Ich koche, stelle Fragen ob sie Infos erhalten hat – die Antwort nein- ich habe auch keine Ausbildung zur Demenzbetreuung und möchte die Verantwortung auch nicht übernehmen- somit hat es sich für mich erledigt - Bumm.
Klasse- hab ja auch mal wieder etwas für mich geplant. Versuche den Pflegedienst zu erreichen.
Tütüt auf Festnetz und Handy- bin kurz vor der Explosion- dann endlich.
Ja, es tut mir leid, blabla.
Herr M. bringt mir seinen Betreuungsnachweis, den ich bei der Krankenkasse einreiche. Muss mich auf Absprachen verlassen können, sonst halte ich das nervlich nicht mehr aus.

Enttäuschung: Email von Marie-Christine- Bad News – sie fährt zur Reha- heißt ich kann meinen Flug canceln- also warten auf August.
Lösung gesucht und gefunden- fahre mit meiner Schwägerin an die Nordsee- Horumersiel.
Habe eine schöne Wohnung gebucht und werde mir ein paar Tage den Wind um die Nase wehen lassen.
Vorher feiere ich noch meinen Geburtstag mit meiner besten Freundin und meinen liebsten Freundinnen nach. Eine schöne Feier im Sahnehäubchen bei Eva mit schönen Überraschungsgeschenken.

45

Es folgt mal wieder ein Tag, den man nicht braucht. Frau E. ruft mich gegen 11.00 Uhr im Dienst an,
Helmut sei im Garten gestürzt, Jule abgehauen. Sie hat ihn mit Hilfe einer Nachbarin ins Haus gebracht.
Bin sofort losgefahren- Jule ist bei der Ankunft direkt in mein Auto gesprungen.
Helmut saß wie ein Häufchen Elend in der Küche. Ihm tat die linke Hüfte weh und er konnte auch schlecht gehen- er hatte obendrein noch Angst.
Habe ihn erstmal umgezogen, ins Bett gepackt und ein Schmerzmittel verabreicht. Am nächsten Tag haben wir unsere Hausärztin aufgesucht-heftige Prellung.
Frau E. ruft nochmal und erkundigt sich, ob soweit alles in Ordnung ist-sie hat die Hunde nicht gehört-süß.
Ich muss dazu sagen, dass sie sofort hier nach Helmut sieht, wenn die Hunde Theater machen.
Wir haben sowieso tolle Nachbarn, die uns bzw. mir gut behilflich sind und aufpassen. Ist schon toll.
Ich habe an alle eine Visitenkarte verteilt mit den wichtigsten Nummern und manche haben auch einen Hausschlüssel, falls mal irgendetwas ist.

Die eingereichte Beschwerde beim Bundesverfassungsgericht ist jetzt das Thema in den Medien. Es schlägt Wellen. Hoffentlich werden sie jetzt mal richtig gerüttelt, damit sich am System etwas ändert.
Für alles ist Geld da, nur nicht für diejenigen, die lange und hart gearbeitet, ja geschuftet haben.
Es gibt nicht nur gute gesundheitliche Zeiten-nein-manchen trifft es hart und wird krank und benötigt Hilfe und Unterstützung, die menschenwürdig ist.
Wir können nicht im Zeittakt umhegt und gepflegt werden-wir sind doch keine Roboter.

Helmuts Rücken wird langsam besser- er ist zurzeit wieder Nachtwandler und mehr als nur etwas wuschig. Er fragt nach meinem Vater, seiner Mutter und ein paarmal nach meinem Namen.
Ich bereite ihn schon langsam auf seinen Aufenthalt in seinem „Urlaubshotel" vor.
Die Abschrift der Verfassungsbeschwerde ist gekommen.
Habe schon bei den ersten Seiten geheult, als ich von den einzelnen Schicksalen gelesen habe. Unglaublich, da muss sich was ändern. Ich werde alles daransetzen, dass das hier zu Hause klappt-egal wie.
Ich schaffe das!!!!!!!!!!!!!!!

46

Urlaub

Thea und Jule in die Huta und Helmut nach Xanten gebracht -er ist ohne Probleme geblieben-danach Koffer für mich gepackt.
Können morgen früh in Ruhe starten.
Es sieht aus, als würde ich drei Wochen Urlaub machen, so viele Sachen habe ich eingepackt. Aber wir haben Winter und an der See herrschen doch etwas andere Temperaturen.
Die Fahrt vergeht schnell-wir haben viel zu quatschen. Unterwegs hat mich die Kurzzeitpflege schon angerufen- Helmut etwas zickig-dachte: das geht ja schon gut los. Er hat sich nicht umziehen und auch nicht versorgen lassen. Spreche mit Helmut und kann gut auf ihn einwirken.
Bei späterem Anruf hat man mir gesagt, dass er sich hat versorgen lassen und auch gut zu Mittag gegessen hat.
Am Nachmittag hat er geschlafen und am Abend habe ich nochmal mit ihm gesprochen.
Ich kann jetzt besser damit umgehen, bin weit weg und benötige die Erholung. Die Zeit rennt eh zu schnell dahin.
Ich verbringe erholsame Tage mit Spaziergängen bei Windstärke 5, mit guten Gesprächen mit meiner Schwägerin- wir verarbeiten unsere Erlebnisse des letzten Jahres und weinen und lachen gemeinsam. Bekommt uns beiden gut.
Habe jeden Tag mit Helmut telefoniert - er war unterschiedlich gestimmt- wir hatten auch zunehmenden Mond, da ist er oft ziemlich aufgekratzt und auch schwieriger im Umgang.
Die Tage vergehen wie im Flug und es geht schon wieder in Richtung Heimat.
Am nächsten Tag hole ich Helmut ab. Er hat in der Nacht zuvor wohl eine Schar von Schutzengeln gehabt, denn er hat von außen auf der Fensterbank gestanden –und das in der 2. Etage.
Ich nehme es zur Kenntnis, in dem Moment aber auch nicht mehr- mir fehlen die Worte- 1000 Gedanken in meinem Kopf.

Wir fahren nach Hause und ich freue mich, dass wir alle wieder vereint sind.
Ein paar Tage später rufe ich nochmal in der Kurzzeitpflege an und lasse mir den Vorfall in der Nacht mit Helmut nochmal erzählen, damit ich es besser verarbeiten kann, wieviel Glück er eigentlich hatte. Arme Nachtschwester- welch Schock.

Es meldet sich der WDR um anzufragen, ob ich bereit wäre einen Kommentar zu einem weiteren Schritt der Pflegereform abzugeben.
Mache ich und das Team ist auch ganz schnell da. Der Dreh geht zügig von statten.
Das Gesetz ist für mich eine Schuldenfalle und nützt mir überhaupt nichts. Man kann die Arbeitszeit reduzieren- befristet für 2 Jahre- gleichzeitig einen Kredit aufnehmen, den man dann wieder zurückzahlt in bestimmter Zeit. Geht gar nicht.

Eine Woche mit allen Facetten liegt hinter mir. Auf der Station hat sich nichts geändert- dauernd sucht man Personal und das ist im ganzen Haus so. Macht keine Laune mehr.
Hier zu Hause ist es im Großen und Ganzen noch erträglich.
Helmut räumt zwar schon mal die Deko von den Fensterbänken- wenn`s nicht mehr ist- manchmal etwas zickig. Auf seine Art hat er auch coole Sprüche auf Lager, dass man sich krümelt vor Lachen.
Es wartet viel Papierkram auf mich, daran ersticke ich nochmal. Der Schwerbehindertenausweis hat jetzt die Merkmale H und B und dadurch ergeben sich auch nochmal Steuervergünstigungen, die mit dem Tag der Änderung in 2013 beginnen- der Ausweis ist aber erst in 2014 ausgestellt. Habe es gegoogelt und rufe beim Kreis an, um mich zu erkundigen und man sagt mir, dass es korrekt ist und ich solle einen Antrag stellen, damit ich eine Bescheinigung bekomme und die Steuern nochmal nachberechnen lassen kann.
  Ich war total wütend, dass niemand darauf hinweist. Der Staat wird Summen sparen.
Manchmal frage ich mich, wo ich die Kraft hernehme.
Dann gibt es bei Helmut wieder Schwankungen im „Dasein", völlig normal bis zu dem, dass er mich nicht erkennt.
Nachtwanderungen durch das ganze Haus, mich schon mal 2-stündlich weckt und mitten in der Nacht Hunger hat, oder er spricht von Jahrgang 12, was immer das auch heißen soll.
Die lustigste Frage ist, ob wir ein Männerfreies Gestüt sind. Da frage ich mich doch, was da im Kopf vor sich geht.
Das hin und her des Daseins ist langsam sehr anstrengend und frustrierend. Man hat keinen Gesprächspartner mehr in dem Sinne, wie man ihn benötigt. Alle Entscheidungen habe ich zu treffen, fällt mir nicht schwer, klappt auch gut, bin Gott sei Dank selbständig.

Wir verbringen eine ruhige Weihnachtszeit und auch einen fast ruhigen Jahreswechsel.

48

2015
Am Neujahrsmorgen habe ich eine Runde mit den Hunden gedreht- Helmut schläft.
Ich koche Essen- die Schelle geht- was will der fremde Mann hier- oh die Polizei, die mich fragt ob ich etwas vermisse. Häh? Der Groschen fällt- mein Helmut hat mal wieder die Gelegenheit genutzt und ist losgelaufen, während ich mit den Hunden gelaufen bin. Peinlich, aber er ist ja schneller als der Schall. Er hatte keine Jacke über und ein aufmerksamer Bürger hat die Polizei gerufen. Na ja, er wollte wohl mal wieder mit dem blauen Taxi fahren.
Er macht nach dem Essen einen Mittagsschlaf und heute müssen immer die Schuhe mit ins Bett – könnten ja geklaut werden.

Am nächsten Tag erinnert sich Helmut, dass er mit der Polizei nach Hause gekommen ist; er meinte die Polizei habe sich ein Herz genommen und ihn nach Hause gebracht-süß.
Mal sehen, was das neue Jahr uns bringt.
Es fängt schon gut an. Unsere Nachbarin Edith ruft auf der Station an, dass Jule draußen rumläuft und Helmut über den Zaun klettern will. Bin zügig nach Hause gefahren -Jule kam mir schon entgegen.
Freitags wieder ein Anruf- Helmut hat das Schloss vom Gartentor mit dem Spaten aufgehebelt und wollte zu seiner Mutter nach Wesel laufen. Also wieder Hals über Kopf nach Hause.
Jule war natürlich auch wieder unterwegs- habe sie laufen lassen und siehe da, nach einer Stunde ist sie von selbst wiedergekommen.
Wir verbringen einen ruhigen Samstagvormittag, am Abend schauen wir nach langer Zeit mal wieder im Wohnzimmer fern. Die Besten der EINS mit Florian Silbereisen. Party with Rythm on the couch- wir haben viel Spaß.

Die aufwendigste und nervenaufreibendste Aktion der Woche war, jemanden zu finden, der den sogenannten 61er Schein zur Rehabilitation für Helmut ausfüllt. Da wurde ich von A-Z verwiesen.
Die KV empfahl mir ihre Webseite zu besuchen-keine Liste- wie sich rausstellte, verkehrte Seite.
Krankenkasse angerufen, da ich schier verzweifelte. Keiner will dieses verdammte Ding ausfüllen.
Fahren wir jemals zur Reha-welches Jahrhundert wird es sein?
Der Herr von der Krankenkasse hat mir dann netterweise eine Liste zukommen lassen. Ich finde einen Arzt, der uns den Schein ausfüllt. Da er Helmut nicht kennt, muss er sich größtenteils auf meine Angaben verlassen. Was hat das für einen Sinn- wäre mit Hausarzt einfacher gewesen.

Im Laufe der Woche hatte unsere Jule, dank Helmut, viel Freigang.
Erster Tag –   Jule durch den Wald gejagt, nächster Tag Jule mit Herrchen draußen auf der Bank, danach den Tag Jule wieder im Wald.
Bei Regenwetter an zwei Tagen war sie nicht aufzuhalten. Habe die Tore aufgelassen und jeweils nach gut einer Stunde ist sie von selbst zurückgekommen - Pitsche-Patsche nass.
Helmut war im Großen und Ganzen gut zurecht. Gestern war er von jetzt auf gleich mal sauer und wollte unbedingt raus.
Habe ihn einfach laufen lassen ohne Diskussion, weil ich dafür einfach keine Nerven hatte. Habe ihm etwas Vorsprung gegeben und ihn dann zurückgeholt.
In der kommenden Woche muss ich dann noch etwas für mich bezüglich der Reha ausfüllen lassen. Ja ja es nimmt kein Ende.
Prävention, dass ich nicht lache!!!!
Am Wochenende fahre ich mal mit dem Fahrrad zum Einkaufen ins Dorf - es ist ganz schön kalt, aber es tut mir gut.

Wir verbringen einen ruhigen Nachmittag bis Helmut am Abend von jetzt auf gleich grantig wird und mitten im Schlafzimmer wie eine Salzsäule stehen bleibt.
Nach einer ganzen Zeit hat er sich dann aufs Bett gelegt und war entspannt. So etwas sollte mich eigentlich nicht mehr aufregen, tut es aber unweigerlich, weil man in dem Moment keinen Zugang zu ihm findet- er wirkte wie weggetreten. Hausschuhe gehen auch wieder mit ins Bett; daran habe ich mich jetzt schon gewöhnt, da diskutiere ich nicht mehr.

49

Ich komme nach Hause und unsere Jule ist mal wieder on Tour. Helmut draußen – 2 Winterjacken an - habe geschnauzt, wobei ich weiß, dass es nichts bringt, aber in dem Moment ist man so wütend, da man jeden Morgen das Gleiche „predigt".
Ich weiß, finde es auch gemein und ungerecht von mir, aber manchmal weiß man eben nicht, wo man mit seiner Wut hinsoll.
Am nächsten Tag sind zur Abwechslung mal alle im Haus. Am folgenden Tag kommt mir Jule wieder aus dem Wald entgegen- ich glaube ich spinne. Meckern-   -der Mann heult- wir gehen rein und nach einer Weile kommt Jule von selbst- grrr muss sie auch noch loben.

Es sind dann mal alle im Haus als ich nach Hause komme, aber was wäre ein Tag ohne Überraschungen- langweilig-oder?
Ich kümmere mich um Helmut und als ich ins Bad komme, was sehen meine Augen? Kaum zu glauben. Er hat den Wannenlifter aus der Wanne gehoben und sich Badewasser einlaufen lassen. Als Stöpsel diente der Tür Stopper-unfassbar- ich frage mich, wie er das geschafft hat, wo er doch so leicht aus dem Gleichgewicht kommt.
Kann man nicht glauben, wenn man es nicht mit eigenen Augen gesehen hat. Er hat sich dann aber doch fürs duschen entschieden.

Wetterkapriolen- Regen, Gewitter, Schnee, der am Vormittag wieder weg ist- Hauptsache alle sind aufgemischt. In der Woche war hier zu Hause soweit alles gut, da mal keine Jule unterwegs war.
Helmut hat sich eine Wunde an der linken Augenbraue verpasst. Gestern habe ich beim Beziehen der Betten die Katze, die eigentlich mit Wasser gefüllt an der Heizung hängt, unter meiner Matratze gefunden. Was er sich dabei wohl gedacht hat?

Wir sind nochmal beim Arzt, um noch einen Schein für die Reha ausfüllen zu lassen. Man bis wir mal weg sind, wenn es überhaupt genehmigt wird, raubt einem schon die Lust. Man soll auf sich achten-ha- ich glaube da wird überlegt, ob es sich überhaupt lohnt.
Ich werde einen Brief dazu schreiben!!!!!

Sehr geehrte Damen und Herren,
seit fast 4 Jahren versorge ich ziemlich eigenständig meinen Demenzkranken Mann. Ich erlebte und erlebe alle Höhen und Tiefen dieser Krankheit.
Ich glaube, dass sich keiner ein Urteil erlauben kann, der solche Lebensentwicklung nicht einmal selbst verspürt hat.
Um beiden Seiten gerecht zu werden, muss man erstmal sehen, wie man diese Herausforderung meistert bzw. annimmt. Hierbei kommt man hart an seine Grenzen.
Um dies auch weiterhin gut zu schaffen, benötigt man mal eine Rehabilitation, um neue Kräfte zu sammeln. (Arbeit und Versorgung)
Um nicht eine zu lange Trennung zu haben, wäre eine gemeinsame Unterbringung sinnvoll und für den Demenzkranken einfacher. Mein Ehemann ist sehr auf mich fokuss ert.
Wir sprechen von Prävention, doch, wenn ich sehe, wieviel Wege und Formulare es zu bestreiten bzw. auszufüllen gibt, bin ich schon bedient.
Im Grunde genommen muss die Krankenkasse bzw. Pflegekasse doch bestens informiert sein- Pflegestufe und und und.
Ich hoffe auf eine positive Zusage, um weiteren Aufwand zu vermeiden; dies geht von meiner eh so knappen Freizeit ab.

Na ich bin gespannt.

50

Kaum zu glauben-Februar. Wir bekommen eine neue Heizung eingebaut und dazu muss ich den Keller freimachen, das heißt ich werde gleichzeitig entrümpeln. Was sich so alles ansammelt. Vor allem finde ich auch Dinge, die Helmut versteckt hat. Frage mich, was da immer in seinem Kopf vorgeht.
Der Heizungseinbau hat gut geklappt, mussten auch nicht frieren und der Dreck hielt sich in Grenzen.
Am Abend lief Hart aber Fair und es ging um Demenz und den Film Honig im Kopf. Habe leider nur den Schluss gesehen-schaue es mir in der Mediathek nochmal an.
Demenz ist ein mehr als aktuelles Thema- hoffentlich kommt es nochmal zu einer besseren Unterstützung der pflegenden Angehörigen.
Wenn ich schon nur daran denke, wie lange es jetzt schon dauert, bis mein Antrag für die Reha fertig gestellt ist. Hier noch und da noch einen Zusatzschein ausfüllen- und dann????wäre es ein Wunder, wenn es auf Anhieb klappt. Lass mich überraschen.

Welch Woche. Helmut ist nachts gewandert- wir haben Vollmond- zwischendurch wurde er mal giftig- man es kostet mich Nerven.
Gestern war die Birne der Nachtischlampe oben abgebrochen - er hat noch Mineralwasser darein geschüttet- Lampe heil geblieben.
Mal schläft er mit Schuhen unter der Bettdecke, bei der Physiotherapie   gestern hat er auch nichts gemacht.
Heute will er nicht duschen- er riecht nach Urin, weil alles nass ist. Er sitzt mit nacktem Oberkörper auf dem Toilettendeckel- mal gespannt, wie lange er dort sitzen bleibt. Ich komme bis an den Rand meiner Kräfte, wenn er sich so benimmt.
Ich brauche eine Reha- mal durchschlafen und keiner will was von mir.
Nach ausharren, was mir schwergefallen ist, hat Helmut endlich geduscht. In der Nacht haben wir wunderbar geschlafen- ich wurde mal nicht jede Stunde geweckt.

Am Sonntag gehe ich ins Kino und schaue mir den Film „Honig im Kopf" an -bin gespannt.
Meine Reha ist abgelehnt-ich könnte kotzen. Muss man eigentlich erst den Kopf unterm Arm tragen?
Der Film am Sonntag war toll- lachen und weinen so nah beieinander. Tolle schauspielerische Leistung von Didi Hallervorden und Emma Schweiger. Man fand sich in vielen Situationen wieder.

Die Tage vergehen mit kleinen und mittleren Katastrophen, mit unruhigen und ruhigen Nächten.
Ich achte darauf, dass ich auch mal Zeit für mich habe und schöne Dinge unternehme.
Ich schaue mit meiner Freundin Betti „Elisabeth" in Essen an, bin zur Veranstaltung von Purple Schulz in Duisburg eingeladen, fahre zu River Dance nach Essen.

Dann der Knaller- die Reha für Helmut ist auch abgelehnt- Begründung: es besteht kein positives Rehabilitationspotential.
Das ist in meinen Augen schon eine Unverschämtheit. Bist du alt und krank, bist du nichts mehr wert.
Steht alles nur schön auf dem Papier, aber die kennen mich noch nicht. Man das brauche ich alles nicht.
Nachdem ich mich ausgeheult habe und ich aber noch so wütend bin, rufe ich unseren Rechtsanwalt an, der ein Schreiben aufsetzen wird. So lasse ich mich nicht abspeisen.
Bei heftigem Sturm in der Nacht liege ich wach und es gehen mir viele Gedanken durch den Kopf.
Warum ist alles so anstrengend, warum kommt erst immer Widerspruch und man muss wieder schreiben? Ich versteh das Ganze nicht.
Ich soll meine Kräfte erhalten, frag mich manchmal wie, es wird so viel von mir verlangt- ich will es aber auch schaffen und ich werde es schaffen.

51

Es ist April und wir haben beschlossen den Vorgarten umzugestalten. Dazu lassen wir Bäume und Sträucher entfernen. Wir machen uns eine kleine Sitzfläche und pflanzen neu. Helmut ist ganz in seinem Element, war ja schließlich seine Arbeit. Ich hatte schon befürchtet, dass er die Veränderungen nicht gut findet, obwohl wir es besprochen haben, aber er ist gut damit zurechtgekommen.

Wenn du denkst...
Beim Versorgen von Helmut-oh Schreck, das linke Schienbein hat eine große rote Fläche um einen Kratzer entwickelt.
Habe im Krankenhaus angerufen und wir konnten sofort kommen. Hämatom?? Geht es auf? Bloß nicht!!
Am nächsten Tag fahren wir zum Chirurgen nach Bocholt- Helmut bekommt Antibiotika und jeden Tag einen neuen Verband. In einer Woche Kontrolle-   wollen das Beste hoffen.
Die Tage vergehen wie im Flug. Das Bein sieht besser aus, muss von unten her heilen, der Doktor ist zufrieden.
Wir haben spontan ein neues Auto gekauft, da an unserem alten einige Reparaturen anstehen würden und bei dem neuen Wagen gab es einen erheblichen Preisnachlass; muss schließlich ein zuverlässiges Auto haben.
Die Tage ziehen dahin ohne besondere Ereignisse-auch mal schön.
Ich mache eine Schulung, damit ich meinen sogenannten INR-Wert(Blutgerinnungswert) selber messen kann. Gibt mir ein Gefühl von Sicherheit, dass ich in kürzeren Abständen messen kann.

Der Sitzplatz ist fertig gepflastert und wir beschäftigen Helmut mit ein fegen des Sandes- er ist ganz in seinem Element. Wenn ich zu Hause bin und wir nicht unter Zeitdruck sind, finde ich, geht es ihm viel besser. Natürlich sind da auch Tage und Momente, wo du denkst- "upps, kann doch nicht."

Von der Reha haben wir noch nichts gehört. Na mal schauen. Noch 9 Wochen und wir sind in Frankreich. Yippie. Im Vorfeld schon mal ein bisschen mit Dominique geplant, wie es mit dem Dreh gehen soll.

Helmut ist zwischendurch mal ein bisschen biestig, rennt in die äußerste Ecke vom Garten und ruft dauernd hallo. Mit viel Überredungskunst habe ich ihn dann hereinbekommen und es war gut.

Manchmal versucht Helmut mir etwas zu erklären, findet aber die passenden Worte nicht und er ist total verzweifelt, weil dem so ist.

Man selbst ist auch hilflos, man kann nur rätseln und es macht mich traurig ihn so hilflos zu sehen.

Ich stehe mal wieder mit Kopfschmerzen auf, nehme etwas dagegen und freue mich schon auf den heutigen Gesprächstermin mit Frau B.- wird höchste Zeit.

Wir haben ein tolles Gespräch geführt und ich bin baff erstaunt über das Ergebnis. Sie hat mir auch nochmal tolle Tipps und Ratschläge gegeben im Umgang mit Helmut. Als wir fertig waren, fing ich total an zu frieren; ich denke mal die ganze Anspannung ist von mir abgefallen.

Es erreicht mich dann auch noch die Nachricht, dass die Reha wieder abgelehnt ist. Man nicht mit mir.

Am nächsten Morgen bin ich wieder mit Kopfschmerzen und Übelkeit wach geworden. Braucht kein Mensch-es regt mich alles auf. Telefoniere mit Rechtsanwalt Dr. L., der sich weiterhin der Sache annimmt.

52

Ich bin auf dem Weg nach Hause und mein Thermometer im Auto zeigt 43 Grad. Brauch kein Mensch. Auf der Straße stehen Herr und Frau E., sowie Frau L. Habe mir gedacht: sieht so aus, als warten sie auf mich. Winken mich heran.
Helmut ist im Krankenhaus. Er lag wohl hinter dem Gartentor und der Kurierdienst, der ihn da hat liegen sehen, hat sofort den Notarzt gerufen. Sie haben ihn nach Obrighoven ins Krankenhaus gebracht.
In meiner Aufregung fange ich erstmal Jule ein, packe ein paar Sachen zusammen und bringe dann Thea und Jule zu Familie E. bis ich wiederkomme.
Mir gehen 1000 Gedanken durch den Kopf und ich beeile mich, dass ich ins Krankenhaus komme.
Helmut ist noch in der Notaufnahme. Er hatte eine kleine Schürfung am Kopf, ansonsten war er gut zurecht. Zur Sicherheit wurde noch ein Schädel-CT gemacht- alles okay- wir konnten nach Hause. Gott sei Dank.
Habe in der Nacht unruhig geschlafen; ich war innerlich noch total aufgedreht.
Am Wochenende war es so heiß-39°-man konnte gar nicht vor die Türe gehen. Am Samstag, als ich vom Schwimmen wiederkam, stand Helmut auf der Treppenleiter vorm Gartentor und wollte wohl darübersteigen. Ich war in heller Aufregung und bin von vorne in den Garten gerast, um ihn darunter zu holen. Er war nass geschwitzt und ich total zitterig. Da kann man nicht schimpfen, man ist froh, wenn nichts passiert ist.
Ein paar Tage später ruft unsere Nachbarin auf der Station an, Helmut will wieder über den Zaun klettern. Also düse ich wieder flux nach Hause. Es ist nicht immer so einfach und ich kann nur froh sein, dass wir so nette Nachbarn haben, die mich informieren. Oft ist es mir unangenehm, wenn ich schon wieder nach Hause fahren muss, aber nur ich sehe es so, alle haben Verständnis.

Oft kommt es mir vor, wenn es in so kurzen Abständen passiert.
Na ja, danach ist es auch für eine Weile wieder gut.
Es will keine Ruhe einkehren.
Nachdem ich am Tag zuvor 5 Wespen in unserem Schlafzimmer gekillt habe, hätte ich nicht gedacht, dass irgendetwas übriggeblieben ist.
Aber als ich Helmut versorgt habe, konnte man schon durch das Hosenbein fühlen, dass er ein dickes Bein hat, denn die linke Wade war so straff und der Fuß so dick, dass er gar nicht in seinen Schuh passte. Habe ihn schnell geduscht und bin dann mit ihm ins Krankenhaus gefahren. Ich meine beim Duschen auch einen Einstich an der Wade gesehen zu haben.
Die Ärztin meinte eher nein und hat Blut, zum Ausschluss einer Thrombose, abgenommen. Hat sich aber nicht bestätigt.
Auf dem Rückweg Quark für Umschläge gekauft. Habe einen Tag Urlaub genommen, um das Bein permanent zu kühlen- mit Erfolg- das Bein war wieder Bein, sprich nicht mehr geschwollen.
Langsam treffe ich die ersten Urlaubsvorbereitungen und ich freue mich schon Marie-Christin zu treffen und Bene und Frederique kennenzulernen. Die beiden bekommen Ende Oktober ihr erstes Kind - es wird ein Mädchen -Camille.

53

Welch Woche. Wir sind mal wieder ad hock zum Arzt (Chirurg) gefahren, da die linke Hacke von Helmut nicht so toll aussah. Wir haben uns entschieden es erstmal mit konservativer Therapie zu versuchen. Habe mich mit Wundmanagerin in Verbindung gesetzt, da mir die Hacke doch große Sorgen bereitete.
Montags fahren wir ins Krankenhaus, weil mir das Ganze nicht geheuer ist.
Manchmal verändert sich alles rasant schnell. Heute läufst du noch und morgen liegst du schon danieder.
Helmut wird stationär aufgenommen und ich als Begleitperson. Dienstag ist die Operation gelaufen, es wird zusätzlich eine sogenannte Vacpumpe angelegt.
Hatte ein Gespräch mit dem Chirurgen- es liegt auch noch die Sehne frei und diese Pumpe soll längere Zeit dranbleiben.
Da ja die Kurzzeitpflege für Helmut und der Urlaub für mich geplant ist, komme ich etwas ins Schleudern, wie das wohl alles klappen soll.
Ich rufe bei der Krankasse an, ob sie die Kosten für die Pumpe übernehmen- wie soll es anders sein, natürlich nicht. Grrr
Helmut hat in der Nacht auf der Bettkante gesessen und am Schlauch rumgezuppelt. Ich finde die Versorgung im Bett gar nicht so einfach, da Helmut sich auch dagegen wehrt und da heißt es dann Geduld haben.
Da wir ja vorhatten mit Dominique zu drehen, habe ich sie erstmal über die Änderungen informiert. Abwarten und hoffen, dass sich alles in Luft auflöst- habe erstmal eine Strophe geheult.
Vielleicht wird ja alles gut. Bitte, bitte!!!
Helmuts 73. Geburtstag – wir verbringen ihn ruhig, man kann sich nur ruhig verhalten, denn es ist immer noch unerträglich heiß.
Der Rollstuhl, den ich bestellt habe wird geliefert. Jetzt muss nur noch der Verbandswechsel positiv verlaufen und am Montag alles gut über die Bühne gehen, dass Helmut in die Kurzzeitpflege kann, dann können Susanne und ich in den Urlaub starten. Ich brauche

diese Verschnaufpause und hoffe, dass ich mich auch entspannen kann- mein Akku ist leer und ich werde noch länger gebraucht.
Positiv denken, meine Liebsten da oben werden schon über uns wachen.
Nach einer eh schon verrückten und belastenden Woche, die nächste Hiobsbotschaft. Der Fuß von Helmut sieht nicht so gut aus, sodass nochmal operiert wird. Ich bete zu Gott, dass es damit gut ist, es abheilt und sein Fuß erhalten bleibt.
Damit ist die Kurzzeitpflege auch hinfällig und ich habe meinen Urlaub abgesagt.
Ich bin völlig ausgetickt. Nachdem ich mich wieder beruhigt habe rufe ich Frau B. an, die mir rät doch zu fahren und ch habe mich nochmal um entschieden und doch zu fahren.
Ich muss mich davon befreien immer ein schlechtes Gewissen zu haben. Nicht so einfach.
Samstag benachrichtigt mich Marie Christin, dass ihr Schwiegersohn verstorben ist- Horror, da Bene ihr erstes Kind erwartet. Wie grausam das Leben doch sein kann. Da wünsche ich mir manchmal wieder ein unbesorgtes und umhegtes Kind zu sein.

Es ist Montag und das Filmteam kommt ins Krankenhaus, um hier zu filmen, anschließend geht es zu Hause weiter.
Am Dienstag startet dann unsere Fahrt nach Paris, das Team mit dem Zug, Susanne und ich mit dem Auto.
Mittwochmorgen treffen wir uns am Trocadero.
Der Abschied am Abend von Helmut fällt mir nicht leicht -tue ich auch das Richtige? Ich bin zwigespalten, aber ich denke die Verschnaufpause wird mir guttun.
 Wir starten wie geplant am frühen Morgen, bepackt wie die Esel und wir sind total aufgeregt.
Nach einer entspannten Fahrt mit 3 Pausen und einer Exkursion durch das Gewimmel von Paris, sind wir schließlich gut in Bazoches angekommen.
Wir haben unsere Sachen ins Haus gebracht und sind danach nach Montfort gefahren. Haben etwas den Ort und die Kirche besichtigt, ein wenig eingekauft, zurück nach Bazoches und den Tag mit einem leichten Abendbrot beendet. Frühzeitig schlafen gegangen, denn am nächsten Morgen hieß es früh aufstehen.
In der Nacht habe ich ab 1.00 Uhr ziemlich lange wach gelegen- bin dann doch nochmal eingeschlafen und um 5.00 Uhr hat der Wecker geschellt.
Herausforderung mit dem Auto nach Villejuif, wo Marie-Christin zu Hause ist, und von da aus mit der Metro nach Paris zu unserem Treffen am Trocadero mit dem Team.
Es zeichnete sich schon ab, dass es wieder heiß werden würde.
Wir haben alles gut geschafft und während wir auf das Team warteten haben wir schon mal etwas fotografiert. Susanne ist begeistert, wir verstehen uns gut und sind auf einer Wellenlänge-toll.
Dann geht es los- Susanne unterschreibt noch ihren Vertrag (ich muss lachen) und auf geht's.
Wir laufen in Richtung Eiffelturm mit Regieanweisung und haben auch die Aufmerksamkeit von der Polizei beim Trocadero- ist ja

auch ein Brennpunkt und außerdem darf mal nicht so einfach gedreht werden. Es klappt- alles gut.

Dominique und Roland suchen nach tollen Hintergründen und Motiven und zwischendurch gibt es immer ein Interview. Ich kenne die Fragen nicht im Voraus, aber ich denke mal, dass ich gut geantwortet habe.

Mit der Metro geht es weiter zum Montmatre- hier gibt es eine Mittagspause mit einem tollen Essen- danach auf nach Sacre Coeur.

Da es unerträglich heiß ist, fahren wir mit der Seilbahn nach oben. Wow!!!!

Ein Gewimmel und Gewummel. Auch hier spricht die Polizei das Team wieder an. Nach kurzer Erklärung geht es weiter. Welch Bauwerk- in meinen Augen ein Meisterwerk.

Nachdem wir nach 15.00 Uhr fertig sind verabschiedet sich das Team und Susanne und ich besichtigen noch die Kathedrale, zünden eine Kerze an und lassen alles auf uns wirken. Ich muss an Helmut zu Hause denken und bete, dass alles gut wird.

Wir planen für den nächsten Tag Versailles. Bei über 30° und unfassbaren langen dreier Schlangen schaffen wir es dann ins Innere zu kommen. Wir haben uns als erstes für die Erkundung des Gartens entschieden. Welch Weitblick. Da fragt man sich, wie man sich hier in früheren Zeiten zurechtgefunden hat.

Oh und ah wir sind begeistert von den Statuen, den Brunnen und überhaupt. Wir laufen gemütlich, essen im „La Flotille" zu Mittag und laufen dann weiter zum Haus von Marie-Antoinette. Das Haus liegt schön, ist aber nicht im besten Zustand.

Gemütlich zurück, denn wir wollen ja noch ins Schloss. Es gab jetzt nur noch 2 lange Schlangen und ich muss sagen, es ging zügig. Welch Menschandrang und das bei der Hitze. Wir staunen über Einrichtung, Möbel, Gemälde, Statuen und und und.

Haben den Tag gemütlich ausklingen lassen und wie bestellt kam etwas Regen zur Abkühlung.

Am nächsten Tag ist unser Ziel Louvre, Obelisk, L`Arc de Triomphe.
Da wir immer bei Marie Christin vor der Haustür parken, versuche ich heute nochmal mein Glück, ob sie da ist. Es klappt, sie und Bene sind zu Hause.
Riesenfreude mit viel Tränen der Trauer verbunden. Gestern wurde Frederique beerdigt. Ein hartes Los hat die beiden getroffen. Schwanger sein, den Mann so leiden zu sehen, ihn dann zu verlieren ist mega hart.
Wir sprechen wieder in drei Sprachen, Französisch, Englisch und Deutsch gemischt.
Bene erzählt uns unter Tränen, wie alles gelaufen ist und was noch alles zu erledigen ist. Frankreich hat da etwas andere Gesetze. Es tut mir alles so leid und auch für Camille, die Ende Oktober zur Welt kommen soll, ist es kein leichter Start ins Leben. Aber Marie Christin und Bene werden es gemeinsam schaffen.
Nach unserem Besuch machen wir uns auf den Weg, um unsere Zielpunkte zu erkunden.
Ich muss an Helmut denken und bin traurig, dass wir das nicht gemeinsam erkunden können.
Ich bekomme über WhatsApp immer eine kurze Info, dass alles soweit in Ordnung ist. Ich hoffe, ich werde nicht beschummelt.
Der nächste Tag führt uns nach Marly le Roi. Wir haben Chateau d`If und das Chateau von Alexandre Dumas, dem Schriftsteller von den drei Musketieren, besichtigt.
Danach zum Port Marly gefahren und etwas entlang der Seine gelaufen und anschließend einen ruhigen Nachmittag in unserem Haus verbracht- welch Ruhe.
Am nächsten Tag führt uns der Weg zum Montparnasse- schauen uns den Friedhof an- unterscheidet sich schon sehr von unseren Friedhöfen. Hier gibt es auch Wachleute.
Unser Weg führt uns weiter nach Notre Dame und auch hier stehen die Leute Schlange, um hineinzukommen. Wir kaufen ein paar Souvenirs für unsere Lieben. Weiter geht es Richtung Pont

Neuf, Kaffeepause, dann entlang der Seine und zum guten Schluss sind wir wieder am Louvre ausgekommen.
Morgen fahren wir zum Moulin Rouge und natürlich nochmal zum Eiffelturm- ein Muss.

Heute ist unser letzter großer Erkundungstag. Ziel Montmatre- Moulin Rouge.
Moulin Rouge in die Jahre gekommen, nicht unbedingt spektakulär. Wir wandern nochmal durch die Straßen, da wir noch ein paar kleine Geschenke kaufen wollen. Gehen auch nochmal bis Sacre Coeur, dann fahren wir zurück bis zum Trocadero, um nochmal einen Blick auf den Eiffelturm zu haben und Abschied zu nehmen. Wir können es gar nicht glauben, dass die Woche schon um ist.
Am Trocadero gibt es noch eine Aufführung von einigen jungen Männern mit Musik unterlegt. Die Menschenmenge, sowie Susanne und ich haben Spaß daran.
Dann wandern wir nochmal Richtung Eiffelturm, wir brauchen ja noch eine Münze für unsere Sammlung. Wir gehen noch über einen Markt und ich zeige Susanne, wo ich vor zwei Jahren auch mit Helmut gelaufen bin. Ich bin wehmütig.

Jetzt heißt es au revoir et à bientôt Paris.

Am Abfahrtstag klüngeln wir so dahin, alles machen wir irgendwie in Zeitlupe. Aber nutzt ja nix, der Tag ist da, die Zeit ist um. Nous sommes très trist- heißt wir sind traurig.
Natürlich freuen wir uns auch auf zu Hause und ich hoffe, dass bei Helmut soweit alles gut ist. Gegen Mittag fahren wir los und sind um 18.30 Uhr zu Hause.
Da es schon so spät ist, beschließe ich erst am nächsten Tag zu Helmut ins Krankenhaus zu fahren.
Andreas und Uwe haben mich zum Abendessen eingeladen- toll-dann war ich nicht direkt so alleine.

55

Am frühen Morgen werde ich mit einem Foto von Helmut mit Sylvia und Isa per Messenger geweckt. Sie haben ihn heute versorgt- süß.
Habe mich beeilt, um ins Krankenhaus zu kommen. Auf meinem Weg zur Station treffe ich schon auf Schwestern im Aufzug, die dort arbeiten. Irgendwie verhalten sie sich komisch- sind sie sauer auf mich wegen des Urlaubs? selbst Ingrid spricht nicht mit mir.
Dann die Katastrophennachricht- der Fuß von Helmut heilt nicht- Pseudomonaskeime- der Fuß muss amputiert werden- Weltuntergang- mein Kopf rattert.
Uwe und Andreas kommen am Abend, um mit mir zu reden und mich abzulenken.

Am nächsten Morgen fahre ich erstmal zur Hausärztin. Ich kann überhaupt nicht mehr klar denken.
Ich weiß keine Uhrzeit von der Operation- ich kann ihn da auch nicht begleiten- das schaffe ich nicht- total verkehrter Film. Ich kann mich noch so oft zwicken, es wird nicht anders.
Als ich wieder zu Hause bin bekomme ich einen Anruf, dass die Operation auf den nächsten Tag verschoben wird. Meine Nerven!!!.
Habe Dr. P. getroffen und darum gebeten, dass Helmut nach der Operation auf die Intensivstation kommt.
Am Operationstag bin ich genau im Krankenhaus angekommen, als Helmut in sein Bett gelegt wurde. Kann man nicht vergessen-Gefühle auf der schlimmsten Achterbahn. Ich bleibe eine Weile und gehe dann zu meiner Station und danach auf die Intensivstation. Ich lasse Helmut schlafen, dass Beste, was er tun kann.
Als ich am nächsten Tag Helmut besuche ist er wach. Er weint total und sagt, dass er seinen Fuß wiederhaben möchte. Ich habe ihm erklärt, warum es so ist und dass er einen neuen bekommt- wir schaffen es. Man was ist man hilflos.

Zur Sicherheit ist er mit einem Bauchgurt fixiert. Uwe hat die Nächte Nachtdienst und darüber bin ich froh.
Am nächsten Tag ist Helmut wieder auf der normalen Station und er fragt mich, ob ich weiß, was überhaupt passiert ist- wieder gesprochen. Er ist gut drauf- spricht klar.
Meine Gefühle kann ich überhaupt nicht beschreiben-ohnmächtig- hoffnungsvoll- in den Startlöchern alles zu organisieren.
Dann am Mittag ein Anruf, Helmut kriecht auf der Erde herum und sucht seinen Fuß. Habe schon mit so etwas gerechnet und ich kann ihn verstehen.
Fahre sofort los und als ich ins Zimmer komme sitzt er nassgeschwitzt auf der Matratze am Boden. Er hat sich auch seinen Dauerkatheter gezogen.
Ich beruhige ihn erstmal, lege den Katheter auf der Matratze neu. Ziehe ihn um- frage nach Schmerzmittel, denn die bekommt er nicht regelmäßig-kann ich nicht glauben und auch nicht verstehen. Nach einem Gespräch werden sie regelmäßig angeordnet.
Mit Hilfe von drei Schülern hebe ich Helmut in den Rollstuhl und wir fahren erst mal eine Runde und kaufen ihm sein Lieblingseis.
Anfang der Woche geht es Helmut besser, ich besuche mit ihm meine Station. Dort treffe ich unsere BL, die mich dann auch sprechen möchte. Natürlich wieder die Frage, ob ich die Leitung abgeben will- sind wohl alle verrückt- haben sie mich vor vier Jahren auch schon mal gefragt. Ich war äußerlich total ruhig und entspannt.
Wenn man länger darüber nachdenkt ist man nur wütend über so viel „Insensibilität".
Auf dem Nachhauseweg kaufe ich für Helmut einen kleinen MP3 Player und bespiele ihn mit Musik und Hörbüchern.
An einem Nachmittag in der Woche fahre ich zu Frau B. nach Düsseldorf zum Gespräch, um mit ihr die jetzige Situation zu besprechen. Es hat mir gut getan- sie hat mich reflektiert und ich

kann mir mit Stolz auf die Schulter klopfen, ohne dabei überheblich zu sein. Mache alles richtig. Auch ist sie begeistert von meinem Skript, sprich die Aufzeichnungen der letzten fünf Jahre über den Verlauf der Demenz von Helmut, was mich natürlich sehr freut.
Sonntags habe ich mal nach Helmuts Hb(Blutfarbstoff) gefragt, da er immer so müde ist- 9,0- da soll man sich nicht wundern- habe um Eisengabe gebeten.
Ich fahre jetzt jeden Vormittag zum Krankenhaus, um Helmut zur Physiotherapie zu begleiten.
Haben das Sitzkissen aus dem Rollstuhl genommen, damit er mit dem Fuß auf den Boden kommt. Hat den Rollstuhl selbst vorwärts bewegt- super.
So vergehen die Tage.
Ich besuche an einem Wochenende eine Pflegeeinrichtung, da Tag der offenen Tür ist und hier meine ehemalige BL Elke arbeitet. Habe eine Führung durch das Haus mitgemacht. Alles sehr freundlich und ordentlich, aber trotz allem nicht die Welt, die ich mir für Helmut vorstellen könnte. Er bleibt definitiv bei mir zu Hause.
Anfang der Woche macht Helmut seine Übungen mit den Herren von der Geriatrie- er hat es super hingekriegt.
Helmut hat Heimweh- möchte nach Hause, was ich gut verstehen kann. Wir heulen zusammen, erkläre ihm, dass es seine Zeit braucht bis alles abgeheilt ist und außerdem muss erstmal der Treppenlift da sein, der Aufgang Treppe sichergestellt sein.

56

Es wäre ja ein Wunder, wenn mal etwas glatt laufen würde.
Wundrevision- mir wird schlecht!!!!Das kann alles nicht wahr sein.
Weiter positiv denken. Mein Helmut ist schon so zerstochen.
Er hat die Operation gut überstanden, hat wieder eine Vacpumpe
dran. Lieber Gott lass es jetzt gut heiler - mehr kann man schon
nicht mehr aushalten.
Natürlich muss ja noch was kommen. Es geht mal wieder um
meine Stelle als Teamleitung. Wäre ja schon 17 Wochen krank
gewesen, ob ich selbst oder Helmut war die Frage, ob ich
chronisch krank bin- welche Antwort hat man von mir erwartet?
Habe keine gegeben.
Man mutmaßte, dass ich ja noch öfter krank sein würde- wenn ich
das wüsste wäre ich ja schlau. Bin äußerlich ruhig geblieben, habe
gedacht...
Im Oktober würden wir uns nochmal unterhalten. Wartet nur ihr
kennt mich noch nicht. Danach habe ich erstmal für mich geheult-
welch unnütze Aufregung und Belastung. Ich sage nur: Beruf und
Familie- haha. Mache mir einen Termin bei der Geschäftsführung-
da werde ich mir mal alles von der Seele reden, freue mich schon.
In der Zwischenzeit habe ich für Helmut einen Platz in der
Tagespflege Hünxe gefunden. Elma, die die Tagespflege leitet,
kenne ich von ihrer Ausbildung her, das ist toll. Wir besprechen
die Zeit, wann er abgeholt wird und wieder zurückkommt. Jetzt
muss ich nur noch meine Arbeitszeiten anpassen. Na mal sehen!?
Das Bein von Helmut heilt bis auf zwei Stellen gut und es ist die
Entlassung geplant, wenn dann der Treppenlift endlich da ist.
Muss mich auch noch um einen Bauchgurt und einen Treppen
Steiger kümmern. Mal schauen, wie es so wird.

Gespräch mit dem Geschäftsführer gut gelaufen, dann Termin
beim Personalleiter- darüber will ich mich mal nicht auslassen-
nur so viel: hatte ein tolles Wochenende mit lauter Wut im Bauch.

Mein Helmut bekommt meine Stimmung auch mit, da ist er sehr sensibel.
Er macht meines Erachtens gute Fortschritte im Umgang mit seiner Mobilität.
Ich rase jeden Tag nach meinem Dienst nach Hause, versorge Thea und Jule und fahre dann wieder zum Krankenhaus.
Die Wunde heilt weiter gut ab und wir planen die Entlassung für den 20.10.
Wie sollte es anders sein-der Treppenlift wird erst am 22. geliefert und am 23. eingebaut. Wie kann ich auch glauben, dass etwas reibungslos läuft. Muss mich doch nicht mehr erschüttern- tut es aber!!
Jeden Tag arbeiten und zwischendurch alles regeln- abends bin ich tot.

Dann der Hammer. Als ich nach dem Formstrumpf für Helmut frage, damit wir ja vorwärts kommen heißt es, dass ein Splitter aus der Wunde herausschaut. Das verstehe ich nicht. Bis zum Abend meldet sich kein Doktor bei mir und ich weiß auch nicht woran wir sind-toll.
Fahre am Abend nochmal ins Krankenhaus. Die Schwestern der Station eiern mit ihren Aussagen rum- Fakt der Knochen liegt frei. Ich verstehe die Welt nicht mehr-fühle mich regelrecht" verarscht". Man hat mich so in Sicherheit gewogen-bekomme keine Luft, kann nicht atmen- renne auf meine Station wo mir eine Kollegin einen Beutel bringt, damit ich wieder normal atmen kann.
Danach bin ich wieder zu Helmut auf die Station und es ergab sich die Möglichkeit den Chefarzt zu sprechen. In der ganzen Zeit in der Helmut schon da liegt hat er nicht einmal mit mir gesprochen. Jetzt war für ihn aber kein Entkommen.
Er hat mir gesagt, dass der Knochen frei liegt, also immer eine Eintrittspforte für Keime ist. Konsequenz Amputation über dem Knie. Ich versteh die Welt nicht mehr, auch als ich erwähnte, dass

er eigentlich schon vor 14 Tagen entlassen werden sollte, dies aber nicht ging, weil noch kein Lift im Haus war, antwortete er, dass er ihn nicht entlassen hätte. Was soll man denn jetzt noch glauben. Ich bin wie im falschen Film nach Hause gefahren. Habe nur geheult. Bei dem Ganzen muss ich auch noch weiterarbeiten, da ich auch Stress seitens der PDL habe.
Freitags ist Helmut dann operiert worden. Helmut ist wieder auf die Intensivstation gekommen und zum Glück war Uwe auch bei der Aufnahme da. Am Abend war ich völlig neben der Spur- ich habe nur geheult und rumgewettert. Zum Glück habe ich eine tolle Freundin und gute Freunde, die mir zur Seite stehen. Samstagmorgen komme ich genau zur richtigen Zeit, denn Helmut kann wieder auf die Station. Natürlich hatte er noch Schmerzen, aber ansonsten ist er guter Ding. Ich traue mich gar nicht unter die Decke zu gucken. Ich frage mich immer wieder wieviel wir noch aushalten. Eigentlich denkt man immer schlimmer geht es nicht mehr, aber irgendwie geht es doch und auch das werden wir gemeinsam schaffen. Haben unser ganzes Leben kämpfen müssen, warum sollte es jetzt aufhören.
So stellt man sich das Leben auch nicht vor- es tut mir so weh für Helmut- hat er nicht verdient.

57

Bettis Geburtstag steht an – wir werden ihn gemeinsam zu einem späteren Zeitpunkt feiern.

Habe wieder ein Gespräch mit der PDL- ich kann jetzt um 7.30 Uhr anfangen- geht doch. Ich lasse Bilder abziehen und klebe sie auf einen Keilrahmen. Nehme ihn mit ins Krankenhaus, damit Helmut nicht immer auf die weiße Wand starren muss.

Ich habe versucht einen Arzt zu sprechen, um mal zu erfahren, wie Helmuts Bein heilt-keine Zeit. Es meldet sich auch mal keiner, obwohl ich eine Etage darüber arbeite.   Dann gelingt es mir mal rein zufällig einen Doktor zu sehen, der aber total in Zeitdruck ist. Fünf Minuten zwischen Tür und Angel im Stationsdienstzimmer. Mache da einfach mal die Tür zu, weil Patienten davorstehen und ich benötige keine Zuhörer. Richtige Auskunft habe ich aber nicht erhalten- nochmals um Rückmeldung gebeten- Ergebnis negativ. Welch Obersch……

Habe das Gefühl Hauptsache Oops, der Rest total egal; der Chefarzt ist auch nicht auf dem Laufenden.

Setze jetzt einfach den 9.11. als Entlassungstag fest. Bis dahin hat Helmut noch täglich Physiotherapie und ich kann noch auf die restlichen organisatorischen Erledigungen warten.

Mit dem Treppen Steiger war es auch eine Farce. Er wird für ein halbes Jahr genehmigt, da man ja meint es kommt eine Prothese. Habe gefragt, ob sie meinen, dass das Bein nachwächst. Danach ging es ziemlich zügig mit der Genehmigung und der Lieferung. Leider kam nicht wie besprochen, der Treppen Steiger, der unter dem Rollstuhl angebracht werden sollte. Nein!!!-ein ganzes Teil für sich, wie oft soll ich Helmut denn umsetzen- mein armer Rücken. Habe ich so nicht angenommen. Mal gespannt, wie lange das dauert- nicht zu fassen-meine Nerven!!!!!!

Für das Lagerungstuch ist kein Rezept im Sanitätshaus angekommen. Überleitungsschwester sagt, dass sie es gemacht hat, was soll man noch denken und glauben. Meine kostbare Zeit- es ist zum verrückt werden.

58

Die Wunde von Helmut habe ich gesehen, sieht ganz gut aus. Habe mich nur so erschreckt, weil sie so grau aussah, aber das war der Schaumstoff in der Wunde. Er bekommt wieder die Vacpumpe, damit es zügiger heilt. Helmut wird isoliert-Clostridien. Bleibt ihm eigentlich etwas erspart?
Helmut hat im Moment mehr Schmerzen und natürlich Heimweh. Positiv denken- fällt nicht immer leicht.
Ich selbst bin im Moment oft sehr kurzatmig- wahrscheinlich der ganze Stress.
Der Rollstuhl mit untergebautem Treppen Steiger ist auch gekommen-und? natürlich fehlt was-der Gurt.
Helmut in seinem Isolierzimmer ist unglücklich -er möchte unbedingt nach Hause, aber er hat ja noch die Vacoumpe. Es ist alles für ihn und für mich nicht so einfach.
Endlich ist es soweit- Helmut kann nach Hause. Ich glaube, dass er nicht überzeugt war, dass es klappt, da wir es schon so oft besprochen haben. Als ich nämlich zum Abholen kam hat er fest geschlafen.
Mit Hilfe packe ich Helmut ins Auto- gar nicht so einfach, wenn dir ein Bein fehlt.
Zu Hause wird er stürmisch von Thea und Jule begrüßt. Wir gehen hinten über die Terrasse ins Haus und da heißt es Treppen Steiger die erste!!! Musste erstmal schauen, wie es geht, hatte es vergessen.
Dann Helmut auf den Treppen Lift heben, Rollstuhl nach oben bringen, Helmut hochfahren und in den Rollstuhl setzen, dann den Steiger mit dem Lift hochfahren und wieder unter den Rollstuhl bauen. Man oh Mann.
In der Nacht haben wir gut geschlafen, auch ohne Bauchgurt.

Wir mussten erstmal wieder ankommen, eine große Umstellung, wenn so entscheidende Veränderungen eingetreten sind.

Den nächsten Tag sind wir ruhig angegangen. Die ganze Prozedur mit Treppen Steiger und Lift ging rückwärts. Schwitz schwitz.
Wenn ich das mal immer alles so schaffe- welch Herausforderung, aber es ist ja noch kein Meister vom Himmel gefallen.
Helmut steckt auch voller Angst, was nachvollziehbar ist. Muss sich ja vollkommen auf mich verlassen, heißt für mich: muss sein absolutes Vertrauen haben.
Die Wundversorgung hier zu Hause übernimmt der Pflegedienst und soweit läuft doch alles rund.
Am Abend gehe ich mit Freunden zu einem Konzert von Angelika Milster in die Christuskirche nach Bocholt.
Natürlich geht nichts ohne Aufregung. Helmut hat sich mal eben noch den Katheter gezogen. Bin nass geschwitzt, als ich alles erledigt habe. Brauch ja auch diesen Adrenalinkick-haha.
Es ist ein wunderbarer Abend- welch Frau- welch stimme, welch Stimmung-die Tränen fließen.
Zu Hause angekommen ist es ruhig, aber im Schlafzimmer-oh oh, der Herr hat sich wieder den Katheter gezogen. Man ich werde verrückt-Katheter neu-Bett beziehen- schlafen.
Wenn das mein tägliches Brot werden sollte- bewahre Gott.
Ich muss mich selbst beruhigen- alles wird gut, Eingewöhnungsphase.
Helmut hat fast zwölf Stunden geschlafen. Der Pflegedienst kommt und ich finde die Wunde riecht wie im Sommer mit dem Fuß. Die Schwester beruhigt mich und am Sonntag ist es schon besser.
Kann es mir nicht anschauen- feige? Nein es tut mir weh.

59

Heute beginnt das „normale" Leben wieder. Ich stehe um 4.30 Uhr auf, da heute der erste Tag ist, an dem wir schauen müssen, ob wir mit der Zeit hinkommen und Helmut um 7.00 Uhr fertig ist, wenn er für die Tagespflege abgeholt wird.
Zeitplan eingehalten, Helmut nur umgezogen, da am Abend zuvor gewaschen.
Bei mir hat sich ein ganz schöner Muskelkater entwickelt, durch das ganze bewegen von Helmut- ist halt ein ungewohntes Handling. Helmut wird mit dem Rollstuhl in den Wagen gepackt- klappt gut. Ich komme auch pünktlich zur Arbeit.
Am Nachmittag hole ich ihn ab. Bespreche noch einiges mit Elma und dann starten wir nach Hause. Zwei Sanitäter haben mir geholfen Helmut ins Auto zu packen- war gar nicht so einfach. Müssen wir noch üben. Den Tag danach ist Elma mit uns zurückgefahren. Wir haben dann beschlossen, dass Helmut auch zurückgebracht wird, damit ich nicht solch einen Stress habe.
So habe ich auch noch einen kleinen zeitlichen Puffer, um etwas zu erledigen und in Ruhe mit Thea und Jule eine Runde zu gehen.
Habe mich entschlossen Helmut doch am Morgen zu waschen und es klappt auch gut.
Im Moment kommt jeden Morgen ein anderer Fahrer, damit alle Bescheid wissen. Unser Nachbar Reinhold hat uns nochmal das Licht im Garagenhof und im Garten erneuert, das Zwischentor und etwas Zaun entfernt, damit wir besser durchkommen. Muss jetzt nur noch der Treppenaufgang erneuert und der Weg verbreitert werden. Irgendwie nimmt es kein Ende.

Anfang Dezember kommt Dominique wieder mit dem Team zum Dreh für 37°. Sie sind um 7.00 Uhr da. Darf mich nicht stylen, soll ja sein, wie es normal morgens ist. Wecken und waschen von Helmut bei laufender Kamera hat gut geklappt. Dann das Umsetzen vom Bett auf den Rollstuhl, Treppen Steiger unterbauen, Treppenstufe runter, vom Rollstuhl auf den

Treppenlift, nach unten fahren, Rollstuhl runterbringen, Helmut vom Treppenlift auf den Rollstuhl. Gott sei Dank hat alles gut geklappt, denn das kann man nicht mehrmals machen. Frühstück für Helmut zubereiten, danach gehe ich duschen, danach noch ein Interview. Um 11.00 sind wir fertig.

Im Laufe der Woche hatte ich noch etliche Termine zu organisieren, wie Wundkontrolle, Taxi bestellen, bei der Hausärztin alle Papiere besorgen, da wir jetzt auf Grund von Praxisaufgabe einen neuen Hausarzt brauchten.
Bekomme einen Anruf aus der Tagespflege, dass Helmut Blut im Urin hat- dachte nur ein bisschen- hat er ja schon mal. Als er nach Hause kam wollte er die Jacke nicht ausziehen, weil er so gefroren hat. Der Urin sah aus wie Dunkelbier. Habe ihn ins Bett gepackt, Temperaturkontrolle 39,3°-sch...
Habe ihm zu trinken gegeben, der Urin wurde etwas klarer, dann habe ich Uwe angerufen, der mir geraten hat den Notarzt anzurufen.
Der Notarzt hat mir gesagt, dass ich einen Krankenwagen rufen soll- Diagnose: Verdacht auf Urosepsis. Man ich konnte es nicht glauben, jetzt sind wir schon wieder im Krankenhaus.
Sind doch erst gerade gut und wohl zu Hause. Uwe und Andreas haben mir zur Seite gestanden- tolle Freunde!!!
Ich selbst bin total erkältet und bleibe erstmal zu Hause, da ich Angst habe, dass Helmut sich noch ansteckt.
In der Zeit wird der Aufgang zur Haustür hergestellt, damit wir ungehindert ins Haus fahren können und nicht mehr Helmut samt Rollstuhl hochheben müssen.
Habe zwischendurch mal einen Heultag- so viele Gedanken-Wut-Trauer- alles wie im verkehrten Film.
Irgendwie sind wir im Moment nur von Krankheiten umgeben und jeder leidet auf seine Weise. Zum Glück geben wir uns aber gegenseitig Halt und Kraft, das ist unbezahlbar.

Als ich Helmut besuche ist er guter Dinge, das heißt, wenn das Labor am nächsten Tag gut ist, kann er nach Hause.
Läuft mal etwas ohne Hindernisse? NEIN!!!!
Das ganze Zimmer hat in der Nacht Durchfall bekommen und wie sollte es anders sein, Helmut am Schlimmsten. Toll. Zimmer isoliert. Also wieder kein Besuch, denn noch einen Infekt brauche ich nicht. Das Leben ist schon eine Herausforderung und manchmal frage ich mich, wie schaffe ich es eigentlich immer und wie halte ich es aus.
Es finden sich keine Erreger im Stuhl und das Zimmer wird endisoliert, Laborbefunde abgewartet, alles okay und nichts wie nach Hause.

60

Es geschehen noch Zeichen und Wunder. Der Multifunktionsrollstuhl ist genehmigt und wird zur Tagespflege gebracht. Prima.
Helmut kommt mit dem neuen Rollstuhl nach Hause, der alte steht leider in der Tagespflege- toll, wie soll ich ihn nach oben und ins Bett befördern. Schnell angerufen und der Rollstuhl wird uns noch gebracht.
Der neue Rollstuhl ist breiter und mit der Auffahrt jetzt etwas schwierig; da müssen wir dann nochmal dran arbeiten lassen.
Im Haus: Küchentür oh oh gerade so eben durchzukommen, Rahmen brauchen wir erstmal nicht streichen, da müssen wir uns auch etwas überlegen. Kleinste Übel.
Helmut geht es soweit gut, muss nur noch aufpassen, dass er nicht noch wunder wird, da er einen Dekubitus über dem Steiß hat nach dem Krankenhausaufenthalt. Das linke Bein heilt jetzt gut ab, da bin ich selig.

Weihnachten naht und wir planen unsere Tage. Heiligabend ist Helmut in der Tagespflege und ich mache noch einen kurzen Frühdienst. Als er abgeholt wird ist er etwas schräg drauf und motzig. Ich wüsste ja gar nicht, was da passiert- er würde „gefesselt". Ich habe ihm erklärt, dass ich die einzige bin, die ihn im Rollstuhl mit dem Gurt festmacht und dies zu seiner Sicherheit ist. Wenn er unbeaufsichtigt ist, geht er ja gerne hoch und will aufstehen. Man muss ihn erinnern, dass das Bein fehlt.
Den Heiligen Abend haben wir ruhig verbracht, den 1. Weihnachtstag waren wir bei Andreas und Uwe zum Essen eingeladen. Schön. Den 2. Weihnachtstag haben wir zu Hause mit meiner Mutter verbracht.
Und zack ist Silvester und das neue Jahr in Sicht. Punkt 0.00 haben wir mit einem Glas Sekt angestoßen.

2016
Auf ein gesundes neues Jahr, in der Hoffnung nicht mehr so viel Aufregung zu haben. Ziel Prothese für Helmuts Bein.
Helmut fordert mich ganz schön. Sein Bewegungsdrang ist enorm; er will nach wie vor aufstehen, im Bett robbt er bis zum Fußende und will dort aussteigen. Wenn ich ihn zurückziehen will, wird er richtig grantig und teilweise handgreiflich. Ich heule und schimpfe, es wird alles ruhig und mit einem Mal sagt er dann: da bist du ja. Im Grunde kann man ihm nicht böse sein.
Ich glaube keiner kann sich so wirklich vorstellen, welch Kraftanstrengung das ist. Ich frage mich immer wieder, wie ich das eigentlich immer schaffe; Fulltimejob, Helmut versorgen und alles was dazugehört. Organisieren, kontrollieren und und und. Gott sei Dank ist die Arbeitszeit abzusehen.
Wir machen unseren ersten Stadtbummel und fahren das erste Mal mit dem Bus. Das will auch gelernt sein, habe das Gefühl, dass man das studieren muss. So ist das, wenn man mit dem Auto verwöhnt ist.
Als der Bus kommt hilft uns ein junger Mann; er klappt die Auffahrrampe um, damit wir ungehindert einsteigen können. Erste Hürde geschafft. Der Stadtsparziergang tut uns gut, wir treffen viele Leute und Helmut hat sichtlich Freude daran. Mit dem Bus zurück- wir sind k.o.- ein Mittagsschlaf ist angesagt.
Der normale Alltag startet wieder; heißt ich gehe wieder arbeiten und Helmut in die Tagespflege.
Er zieht sich mal wieder den Katheter- ich werde verrückt. In der Nacht hatte er dann Fieber- rufe den Urologen an, was ich machen soll, denn ich habe Angst, dass es wieder zu einer Sepsis kommt. Er bekommt ein Langzeitantibiotikum.
Jetzt habe ich auch noch zu allem Übel ein dickes Knie. Lasse es untersuchen- Ultraschall zeigt freie Flüssigkeit im Knie – Röntgenbild bestätigt es. Soll mein Knie schonen-haha- fragt sich nur wie.

Es ist Wochenende und ich setze Helmut gemütlich auf unsere Couch im Wohnzimmer. In der Zwischenzeit erledige ich ein paar Hausarbeiten und als ich wieder ins Wohnzimmer komme, sitzt Helmut auf dem Boden vor der Couch- ich dachte ich werde verrückt. Habe ihn mit all meiner Kraft wieder auf die Couch gehoben- ich zitterte wie Espenlaub. Auch Helmut hat sich erschreckt.

Am Abend hat er sich dann zu allem Elend auch schon wieder den Katheter gezogen- ich könnte kotzen. Neu legen, es blutet und in der Nacht hat er wieder etwas Temperatur. Er hat auch totale Phantomschmerzen; gebe ihm Schmerzmittel.

Welch unruhige Nacht-Helmut ist nassgeschwitzt, einmal umziehen. Laute Schmerzäußerung. Mein Gott, was würde man machen, wenn man nicht so wie zu Hause betreut würde. Da hört einen doch keiner, wenn man alleine liegt und nicht schellen kann, unvorstellbar.

62

Die Zeit rennt so dahin. Früh aufstehen, alles nach Plan- wir können jetzt sogar eine halbe Stunde später loslegen, denn wir sind jetzt ein eingespieltes Team.
Der Dekubitus am Rücken ist bis auf eine kleine Stelle gut abgeheilt, das Bein ist ganz abgeheilt. Jetzt schauen wir mal, wie es mit der Prothese weitergeht.
Wir kontaktieren den Hausarzt, um ein Gutachten von Helmut für den Reha Antrag erstellen zu lassen. Muss ja mal vorwärtsgehen.
In der Zwischenzeit war auch der MDK bei Helmut in der Tagespflege. Er hat jetzt die Pflegestufe 3.
Er bekommt einen Kompressionsstrumpf für das amputierte Bein angepasst und in der folgenden Woche wird ein Gipsabdruck gemacht.
Ich habe immer noch ein dickes Knie- Diagnose Arthrose.
Grrrrrrrrrrrrr
Zu allem Übel gesellt sich jetzt auch noch ein geschwollenes Handgelenk zu meinen Knieschmerzen dazu. Rheuma ist die Frage- na, hoffentlich nicht. Termin beim Orthopäden gemacht.
Die Tage fliegen so dahin und meine Gedanken fliegen auch hin und her.
Dann kommt wieder eine Aufgabe auf mich zu. Damit Helmut auch sein Gurt am Rollstuhl angelegt werden kann (in der Tagespflege) und auch das Bettgitter am Bett sein darf, genügt nicht allein mein Einverständnis- nein ich muss ein Attest beim Hausarzt holen und beim Gericht einen Antrag stellen. Habe ja sonst nichts zu tun.
Freudige Nachricht von Dominique- sie hat das Filmmaterial mit einer ZDF Redakteurin gesichtet und diese war total begeistert. Wenn das mal kein Grund zur Freude ist.
Ich starte die Urlaubsplanung für mich, aber dieses Mal werde ich mich mit meiner Riesenvorfreude zurückhalten, dann ist die Enttäuschung nicht so groß, wenn es nicht klappt.

Susanne und ich wollen nach Hamburg. Wir buchen ein schönes Häuschen außerhalb von Hamburg und machen uns schlau, wie die Verbindungen mit den öffentlichen Verkehrsmitteln sind, damit wir kein Problem mit der Parkplatzsuche in der City Hamburg haben.
Helmut melde ich auch schon für die Kurzzeitpflege an und Thea und Jule für die Huta.
Ich frage mich immer wieder: wie schaffe ich das immer alles. Soviel Schreibkram, soviel Hürden, die Doppelbelastung mit der Arbeit, Kampf um in die Reha zu kommen, manche unnötige Kraftvergeudung.
Hinfallen, aufstehen, Krone richten, weitergehen.
Bis einem Flügel wachsen muss man sich ganz schön rupfen lassen. Und dann muss man noch aufpassen, dass einem die Flügel nicht gestutzt werden, sonst wird das nichts mit dem Fliegen.

Die nächste Hürde die wir nehmen ist Helmut zu baden. Ein bisschen mulmig ist mir schon, ob ich es alleine auch schaffe. Der Start ist soweit gut, aber man sollte vorher erstmal den Akku überprüfen, ob er auch genug geladen ist. Ich muss lachen- ist ja schon prima. Kurzladung damit Helmut auch ins Wasser kommt. Akku während der Badezeit aufgeladen. Nicht denken Helmut steht unter Strom- Akku natürlich abgebaut.
Helmut ist total glücklich. Endlich mal richtig mit viel Wasser waschen, nach 5 Monaten. Er schrubbt und schrubbt- es wird hell(lach)- ich bin glücklich, dass er es genießt. Das Aussteigen klappt auch gut, habe ihm einen Croc angezogen, damit er nicht wegrutscht und ich ihn auch gut Händeln kann. Bin jetzt wieder um eine Versorgungserfahrung reicher. Restversorgung auf dem Bett. Helmut ist erschöpft und er macht erstmal ein Schläfchen. Mit einem mal Gerumpel- ich ahne Böses, da kommt auch schon der Hilferuf von Helmut. Er ist ans Bettende gerutscht und ist

beim Versuch aufzustehen hingefallen. Er hat sich Gott sei Dank nicht wehgetan. Ich musste ihn mit all meiner Kraft wieder hochbekommen. Auf den Rollstuhl heben ging nicht, da der Sitz immer hochging. Habe ihn dann aufs Bett gehievt. Als er darauf sicher lag haben wir beide gezittert wie Espenlaub. Welch Kraftakt.

63

Helmut geht morgens in die Tagespflege und er kommt weiterhin gut gelaunt zurück. Ab und zu bringt er ein Souvenir mit nach Hause (Teelöffel, Gästehandtuch) - kleine diebische Elster. Wie er auf solche Idee kommt? Er isst meistens direkt Abendbrot und ab und zu matscht er mit dem Brot, legt mal Creme Hütchen darauf – na denn. Danach möchte er dann ins Bett- ist ja auch ein langer Tag.

Es kommt eine Richterin ins Haus, um mit Helmut zu sprechen, wegen des Gurtens im Rollstuhl und dem Bett Gitter. Es fährt auch noch eine Verfahrenspflegerin in die Tagespflege.
Wenn diese Maßnahmen auch in der Kurzzeitpflege zum Tragen kommen sollen, so muss ich das auch beantragen. Welch Aufwand. Ich bin nicht für sinnloses Gurten, aber dies dient ausschließlich zur Sicherheit für Helmut, damit er sich nicht noch verletzt oder sich irgendeinen Knochen bricht.

Helmut hat regelmäßig Physiotherapie in der Tagespflege, so bleibt mir die Aktion ihn irgendwo hinfahren zu müssen erspart.
Die Kostenübernahmebestätigung für die Prothese ist gekommen. Prima. Ich fahre ins Sanitätshaus, um das weitere Vorgehen zu besprechen. In der darauffolgenden Woche wird der Gipsabdruck gemacht und ich werde dabei sein.
Als ich Helmut sage: morgen hast du frei kommt die Antwort: da bekomme ich schon Kopfschmerzen!? Hä? muss lachen- also geht er doch gerne in die Tagespflege- super. Singen noch zusammen- lachen uns kaputt- wie schön.
Den freien Tag verbringen wir ruhig, aber am Abend wird Helmut aus heiterem Himmel etwas aggressiv. Man, dass kostet meine ganze Kraft, ihn da wieder runter zu holen. Mittlerweile schaffe ich es schon ganz gut.

Meine Knieschmerzen nehmen zu und es wird Zeit, dass ich zum Orthopäden komme. Besch.... Kann es nicht kommen; muss zur Arthroskopie- Meniskus in Mitleidenschaft gezogen, Zyste. MRT, zum Krankenhaus in die Orthopädiesprechstunde, alles schon mal überlegen, was ich zu organisieren habe.
Rechtsanwalt Dr. L. hat sich auch gemeldet. Der MDK möchte noch weitere Krankenunterlagen von Helmut haben- ich werde verrückt. Vormittags fühlte ich mich noch so gut und habe bei mir so gedacht, dass ich jetzt alles gut im Griff habe mit mir bzw. mit uns und dann kommt wieder so ein Mist, der einen wieder völlig aus der Bahn wirft. Da bekommt man doch einen dicken Kopf, weil man vor lauter Wut ist. Vor allem muss man wieder alles besorgen. Dann klappt mal wieder der Scanner und Drucker nicht direkt- zum Haare ausraufen. Jetzt geht dieses Hick hack schon fast eineinhalb Jahre- ist nicht zu glauben.

Da kommen mir wieder die Worte von Frau Schwesig in die Ohren: Solidarisch sein mit den zu Pflegenden und den pflegenden Angehörigen. Davon merke ich nicht viel.

Da ich ja krankgeschrieben bin, auf Grund meiner Knieschmerzen, lasse ich Helmut jetzt öfter zu Hause, denn ich kann nicht jeden Monat fast fünfhundert Euro dazu zahlen. Dann werde ich arm, obwohl ich arbeiten gehe. Das teuerste an der Tagespflege sind die Fahrkosten. Erhoffe mir, dass es mit der Prothese klappt, dann kann ich ihn auch selbst abholen. Abwarten.

Wir machen erneut einen Stadtbummel, fahren mit dem Bus und erleben mal selbst, wie es ist, wenn man behindert ist und auf fremde Hilfe angewiesen ist. Auf der Hinfahrt hat alles gut geklappt, der Busfahrer ist direkt ausgestiegen und hat die Auffahrrampe ausgeklappt- wäre seine Aufgabe und er wäre auch versichert- toll.

Die Rückfahrt war das totale Gegenteil, der Bus hatte keine Auffahrrampe und zwischen Bordstein und Bus war eine Lücke und der Bus war auch nicht abgesenkt. Der Busfahrer hat sich nicht gerührt. Gott sei Dank hat uns ein netter junger Mann geholfen einzusteigen und auch nach Fahrtende wieder auszusteigen. Unglaublich. Eigentlich hätte ich was sagen sollen, aber ich hatte keine Lust auf eine Auseinandersetzung. Nach dem Ausflug hat mein Knie total geschmerzt, aber es war schön an der frischen Luft zu sein und mein Helmut hat mal etwas anders gesehen.

In der folgenden Woche erfolgt die Prothesenanprobe. Helmut hat gut mitgemacht und ich muss sagen, mir ist bei der Anprobe etwas pömmelig geworden. Der Orthopädietechniker erklärt mir die Handhabung. Dabei fliegen meine Gedanken wild durcheinander. Wie lange wird das morgens alles dauern und wie macht Helmut mit. Die Herausforderungen an mich sind extrem und ehrlich- ich habe ein bisschen Angst davor.

Ich glaube, dass es Fügung ist und kein Schicksal, dass ich einen Krankenschein habe und dass es sich keiner so wirklich vorstellen kann, was ich wirklich erlebe und wie ich mich fühle oder wie Helmut es empfindet. Ich habe bis jetzt immer alles geschafft, aber ich will nicht immer stark sein, muss ich auch nicht.

64

Am Samstagmorgen ist das rechte Bein von Helmut dick und am Sonntag ist es auch noch so. Das Ganze ist mir nicht geheuer und ich rufe den Notarzt.Verdacht auf Thrombose- sollen am Montag zum Hausarzt gehen und es abklären lassen, heisst Blutentnahme um einen gewissen Wert zu bestimmen.
Am Abend sind wir ins Gemeindehaus gelaufen, da dort der Autor Jürgen Kehrer von der Reihe „Wilsberg" und der Schauspieler Leonard Lansink , der ihn verkörpert, eine Lesung hielten. Wir saßen in der ersten Reihe und mein Helmut war ein aufmerksamer Zuhörer.
Auf demHeimweg war er mit einemmal grantig, zu Hause hat er mir die verabreichten Tabletten wieder entgegen gespuckt und mich beschimpft. So schnell kann der Stimmungsumschwung sein. Man zum Haare raufen.
Montagmorgen Blutröhrchen geholt, zur Tagespflege gefahren und Helmut Blut abgenommen. Am späten Nachmittag hat dann unser Hausarzt zurückgerufen- Blutwerte erhöht, die auf eine Thrombose hinweisen.Habe schon Heparinspritzen besorgt und auch schon einen Antithrombosestrumpf angezogen.
Am nächsten Tag fahren wir zum Ultraschall ins Krankenhaus. Hier wird erneut Blut abgenommen und es erfolgt der Ultraschall. Die Ärztin sieht den Beinstumpf von Helmut und sagt: das geht mal auf.Ich antworte: Wir sind wegen dem rechten Bein da und das was sie sagt würde ich gar nicht hören wollen. Man sind alle sensibel, zieht mich direkt wieder runter- ich könnte schreien.
Ultraschallbefund. Thrombose in der Leistengegend. Heparinisierung und Einstellung auf Marcumar, Thrombosestrümpfe. Er muss nicht stationär bleiben. Gott sei Dank.Da ich ja auch Marcumar nehme und meine Werte selbst messen kann, sind wir klar im Vorteil, weil Helmut dann unter engmaschiger Kontrolle eingestellt werden kann.
Wir haben wieder einen Termin mit dem Orthopädietechniker, der mir nochmal die Handhabung und Pflege der Prothese erklärt.

Man oh man , was ich alles lernen muss. Belastung hoch, vor allem emotional. Helmut wird alles zu viel, er reagiert heftig und abwehrend. Ist für ihn ja auch belastend.

Es kommt auch mal eine Erfolgsmeldung. Die Reha ist genehmigt, aber nicht in die Wunschklinik Bad Aibling. Wäre ja auch zu schön, wenn mal alles glatt ginge. Dr. L.hat direkt Einspruch erhoben. Zwei Kliniken haben schon abgesagt, Aufnahme nicht möglich. Ich sterbe nochmal vor lauter Wut, weil es ein unendlicher Kampf ist. Ich verstehe die Welt nicht mehr.

Wir verbringen ein schönes Osterfest, sind bei unseren Freunden am Osteronntag zum Essen eingeladen. Da wir schönes Wetter haben laufen wir hin und auch wieder zurück. Mein Knie dankt es mir mit Schmerzen.

Vor meiner Athroskopie gibt es noch viel zu erledigen. Pflegedienst ordern für Helmut,Gehstützen für mich besorgen, ein bisschen Vorrat einkaufen, putzen.

Am Tag der Athroskopie klappt zeitlich alles gut, Helmut fährt zur Tagespflege und ich werde ins Krankenhaus gebracht. Die Aufnahme verläuft ruhig, bin etwas aufgeregt.

Im Op werde ich nett empfangen, der Op-Pfleger erklärt mir alles,der Operateur stellt sich vor und checkt nochmal alles und zum guten Schluss kommt noch die Anästhesistin, informiert mich ebenfalls über das Vorgehen und leitet dann die Narkose ein. Schwups- schöne Träume. Natürlich träumt man ja nichts.

Als ich wach werde habe ich tierische Schmerzen. Das Ergebnis der Athroskopie: brauche ein neues Knie- peng. Ich bin schnell wieder fit, es blutet etwas nach , wird nochmal versorgt und als alles okay ist , kann ich nach ungefähr vier Stunden das Krankenhaus wieder verlassen.

Zu Hause blutet es nochmal stärker nach und wir fahren nochmal ins Krankenhaus,. Sind sofort dran- es wird nochmal ein Stich nachgenäht. Grrrrrrrrrr.

Helmut kommt am späten Nachmittag und wir warten zusammen auf den Pflegedienst. Jetzt muss ich nochmal alles erklären, wie

alles funktioniert, um nach oben zu kommen. Mist, wenn man selbst nicht kann.
Dann am Abend musste ich nochmal ins Krankenhaus gefahren werden, da wieder alles durchgeblutet war.
Am nächsten Morgen kommt eine Pflegehilfskraft zur Versorgung- auch sie wurde ins kalte Wasser geschmissen- wieder alles erklärt.
Als es um den Transfer geht kommt Gott sei Dank schon der Fahrdienst.
Mir wird schon der Redon gezogen, obwohl es so viel nachgeblutet hat und ich fühle mich schlechter, als am gestrigen Op-Tag.
Am nächsten Tag , als der Pflegedienst weg ist ,wird mir total kodderig. Ich rufe unsere Freunde und meine Schwägerin an, denn ich habe Schmerzen zum verrückt werden. Uwe versorgt mich erstmal mit Schmerzmittel und Trinken.
Wir fahren wieder zum Krankenhaus- Laborkontrolle- Hb (Blutfarbstoff) abgefallen. Kaufe mir schon mal etwas zum Einnehmen, damit der Wert wieder ansteigt.
Wir verbringen den Tag im Bett. Zwischendurch habe ich wieder höllische Schmerzen und ich sehe schon ziemlich blass aus.
Am nächsten Morgen ist wieder alles durchgeblutet- mir ist das nicht geheuer und ab geht es wieder ins Krankenhaus.
Verbandswechsel- bekommen noch Material mit. Als wir zurückkommen , hat Helmut sich zwischendurch mal eben wieder den Katheter gezogen. Uwe hat ihn dann neu gelegt. Wie gut , wenn man einen Intensivpfleger zum Freund hat.
Nach gut einer Woche habe ich abends so heftige Schmerzen- kaum auszuhalten. Fahren nochmal ins Krankenhaus. Ich bin kaum ins Auto gekommen und die Fahrt kam mir ewig lang vor.
Im Krankenhaus habe ich die ganze Ambulanz zusammengeschrien, ich war total hysterisch und ich glaube, die Anwesenden hätten mir am liebsten eine geklatscht. Mich konnte kein Gedanke trösten; schon der Gedanke und die Vorstellung,dass einer mein Bein bzw. mein Knie anfasst machte

mich noch hysterischer. Bin mit Tabletten abgespeist worden und wieder nach Hause geschickt worden. Chirurgen-Grrrrr.
Beim Reinlaufen bin ich oben am Treppenansatz kollabiert. Volles Pfund auf mein Knie und auch irgendwie auf den Bauch.Habe laut geschrien und alle kamen angerannt.
In meinem Bett habe ich nur gedacht: wie überstehe ich die Nacht ? Schmerzen, Schmerzen.

65

Am Morgen kam der Pflegedienst und ich war zu nichts in der Lage. Ich weiß gar nicht, wie ich diese Nacht überstanden habe.
Schmerzen bzw. brennen im Bauch wurde immer stärker.
Nachdem Helmut weg war, lag ich quer auf meinem Bett und fühlte mich zwischen Gut und Böse.
Habe es vor lauter Schmerzen und brennen nicht mehr ausgehalten. Hausarzt angerufen, der meinte, dass ich ein stumpfes Bauchtrauma habe; Einweisung Krankenhaus.
Habe versucht Helmut in der Kurzzeitpflege unterzubringen- negativ. Meinen ehemaligen Pflegedirektor kontaktiert, der sich kümmert. Helmut wird mit mir eingewiesen, weil er Probleme mit seiner Spinalkanalstenose hat. Habe in der Tagespflege angerufen und Elma informiert, dass Helmut zum Krankenhaus gebracht werden soll. Für mich den Krankentransport beste lt.
Wie gut, dass wir den Treppen Lift im Haus haben, sonst wäre ich gar nicht runtergekommen.
Unten angekommen habe ich erstmal erbrochen, wohl vor lauter Schmerzen und wohl auch vor lauter Aufregung.
Untersuchungen: Ultraschall, Abtasten, Röntgen läuft zügig, Schmerztropf, dann auf die Station. Dann bekomme ich noch ein CT, wobei herauskam, dass ich ein Hämatom im linken Unterbauch habe. Na prima.
In der Zwischenzeit ist auch mein Helmut eingetroffen, musste ihm erstmal alles verständlich machen. Der Schmerztropf wirkte gut- Gott sei Dank.
Anästhesistin und Operateur kommen zur OP-Aufklärung; Samstagmorgen zehn Uhr ist vorgesehen.
In der Nacht gut geschlafen und am nächsten Morgen komme ich wie besprochen dran.
Die Schmerzen nach der Operation sind nicht so schlimm, wie bei meinem Knie.
Helmut wird morgens vom Personal gewaschen und ich versorge ihn dann mit Frühstück.

Die Physiotherapie kommt und ich bin voller Angst, aber es klappt gut, sodass ich am Freitag so langsam ohne Gehstützen unterwegs bin.

Der Sozialdienst besucht uns. Es wird eine Antidekubitusmatratze für Helmut bestellt und es gibt eine Verordnung für eine Haushaltshilfe.

Wir werden nach zehn Tagen entlassen. Helmut wird morgens für die Tagespflege abgeholt, sodass ich erstmal in Ruhe zu Hause ankommen kann. Thea und Jule sind ja in der Hundepension, da brauche ich mir dann keine Sorgen machen mit dem Gassi gehen. Mein Helmut bekommt Durchfall und ich lasse ihn zu Hause. Kann man sich nicht vorstellen, wie schlimm. Er bekommt Kapseln und leichte Kost, aber der Durchfall hält sich hartnäckig. Das macht mir Sorgen und ich lasse mich nochmal in der Apotheke beraten. Bekomme was für die Darmflora und etwas Homöopathisches und Gott sei Dank beruhigt es sich.

Mein Knie schmerzt nach wie vor, benötige aber nicht mehr so viel Schmerzmittel. Nach vier Wochen kann ich die Pflege wieder selbst machen.

66

In Absprache mit der Krankenkasse und Unbedenklichkeitsbescheinigung vom Orthopäden kann ich eine Woche Urlaub, wie geplant, machen.
Ich bringe Helmut einen Tag zuvor in die Kurzzeitpflege und Thea und Jule in die Huta.
Am nächsten Tag starte ich mit Susanne nach Hamburg, wo wir bei schönstem Wetter eine erlebnisreiche Woche haben. Da wir ja beide lädiert sind, Susanne ist am Fuß operiert worden, sind wir auf einem Level, was die Pausen bei der Erkundungstour betrifft.
Diese eine Woche tut mir und auch Susanne sichtlich gut. Ich muss mal nur für mich an alles denken und ich lasse den Alltag mal einfach hinter mir. Die Kraft brauche ich dann für die nächsten Aufgaben.
Da wusste ich ja Gott sei Dank noch nicht, was mich wieder so erwartet. Habe zwar vorher schon rumgeunkt und gesagt: bin gespannt auf die Rückkehr und was mich erwartet.

Als ich Susanne zu Hause abgesetzt hatte, bin ich direkt durchgefahren, um Helmut abzuholen. Er wurde gerade versorgt. Wir haben beide geheult vor Freude und dann ging es ihm auch nicht schnell genug, dass er nach Hause kam.
Die Frage der Pflegekraft: welche Nachricht zuerst, die gute oder schlechte?   Die schlechte Nachricht: Katheter wieder gezogen, beginnender Dekubitus und eine dicke, prall gefüllte Blase an der Hacke. Da bekomme ich ja schon wieder Panik, ich dachte ich habe ein Déjà-vu.
Zu Hause angekommen habe ich erstmal den Katheter neu gelegt und die Hacke gepolstert.
In der Nacht habe ich etwas unruhig geschlafen, da ich mir wegen der Hacke Sorgen machte. Nach Rücksprache mit dem Hausarzt versorge ich sie mit einem desinfizierenden Spray und polstere sie weiter ab.

Helmut geht am Wochenanfang wieder in die Tagespflege und er freut sich, als er abgeholt wird.

Am Freitag steht der letzte Drehtag für das ZDF an. Helmut wird morgens wie gewohnt abgeholt und Thea und Jule gehen über Tag in die Huta.

Um 11.00 Uhr will das Drehteam in der Tagespflege sein, weil wir hier mit dem Drehen anfangen.

Helmut ist erstaunt, als er mich sieht. Ich erkläre ihm dass wir ja heute nochmal für das Fernsehen drehen.

Es gibt Filmaufnahmen in der Tagespflege, beim Sparziergang und zwischendurch Interviews. Danach machen wir uns auf den Weg zu Eva ins Sahnehäubchen. Hierher habe ich diejenigen eingeladen, die uns nahe und auch in schwierigen Situationen da sind, ob in Worten oder Taten.

Wir werden mit großem Hallo und Geschenken (warum auch immer) empfangen. Nachdem wir uns etwas akklimatisiert haben und ich dann alle vorgestellt habe, halte ich eine Rede, frei aus dem Bauch heraus. Natürlich habe ich mir im Vorfeld viele Gedanken gemacht und ich weiß nicht wieviel Reden in meinem Kopf gehalten. Natürlich musste ich heulen, denn es war sehr emotional, denn alle, die wir da waren, haben oder hatten auf ihre Weise ein Päckchen zu tragen. Und ich kann nur sagen: es ist so toll, wenn man weiß, dass man nicht alleine ist.

Und weil das Ganze so schön war, halte ich die Rede nochmal, weil es aus einer anderen Perspektive gefilmt wird. Natürlich findet man nicht die gleichen Worte, aber es war auch gut.

Danach haben wir erstmal die Köstlichkeiten in Angriff genommen und es fand ein reger Austausch statt. Auch hier gab es dann wieder Interviews, wobei zu Anfang von den Gästen so keiner richtig wollte. Es hat dann in gemeinsamer Runde stattgefunden und am Ende waren doch alle glücklich, dass sie es gemacht haben. Sie waren großartig. Zum Abschluss haben wir noch zu Hause gedreht.

Ich war etwas wehmütig, denn es war eine schöne Erfahrung und ich hoffe ich kann auf diesem Weg auch etwas vermitteln.
Für die Politik gibt es noch viel zu tun, denn manche so gut gemeinten Verbesserungen sind nur ein Tropfen auf den heißen Stein.

ZDF Sendetermin 17.1.2017 in 37°

Nachwort

Es hat jetzt fast drei Jahre gedauert um es in dieser Form
niederzuschreiben. Für mich nochmal ein Weg der Verarbeitung
der einzelnen schwierigen Situationen.
Beim Schreiben habe ich oft gedacht: Mein Gott, wieviel
Hindernisse zu meistern waren und immer noch zu meistern sind.
Es hat mir auch aufgezeigt, wie hilflos man ist, wenn man als
Pflegender ausfällt, man zwar den Pflegedienst nutzt, aber wenn
der aus dem Haus ist was dann!?
Das hat mich sehr nachdenklich gemacht und es macht mir auch
ein wenig Angst.
Ich für mich werde mich nochmal intensiver mit der Materie
Pflege und Betreuung im Alter auseinandersetzen, denn es
kommt für jeden Mal der Tag, an dem er auf irgendeine Weise auf
Hilfe angewiesen ist.
Auch möchte ich mich bei all unseren Freunden, Nachbarn und
denjenigen, die uns zur Seite standen und stehen bedanken. Ihr
seid einfach super und es ist so toll, dass es euch gibt.

Ich überlege mir, ob ich die nächsten Tagebucheintragungen auch
nochmal so zu Papier bringe.
Bis dahin wünsche ich uns allen eine schöne und sorglose Zeit.

Anhang

Hier möchte ich ein paar Ratschläge mit auf den Weg geben, was man bedenken sollte. Im Grunde ist es ratsam, etliche Dinge schon in jungen Jahren zu hinterlegen, denn etwas zustoßen kann uns jeden Tag.

Meines Erachtens ganz wichtig:
Patientenvollmacht
Betreuungsvollmacht
Testament
Bankangelegenheiten regeln

Um diese Dinge sollte man sich frühzeitig mit den Personen seines Vertrauens beschäftigen. Es ist zwar schnell gesagt ich mache das, aber wenn es soweit ist sollte man sich Hilfe zur Seite holen. Wir persönlich haben es bei einem Notar gemacht und ich hatte noch zusätzlich einen Generationenberater der Bank, der auch nochmal alles sehr ausführlich mit meiner Freundin und mir besprochen hat. Hat uns ein gutes Gefühl gegeben.
Im Endeffekt muss jeder alles so regeln, wie er meint, dass es so am besten für ihn ist.

Anlaufstellen für mögliche Hilfestellungen, wie Pflegestufe beantragen, was bekomme ich wie, wo und was steht mir zu.
Man kann sich ausführlich durch einen Pflegedienst seiner Wahl unterstützen lassen, den man ja auch bei Genehmigung einer Pflegestufe bzw. jetzt Pflegegraden benötigt, da die Krankenkassen bei den unterschiedlichen Graden unterschiedlich häufig einen Nachweis über einen Beratungseinsatz seitens des Pflegedienstes verlangen.
Dann gibt es speziell die **Landesinitiative Demenz-Service**
AWO und Caritasverbände, den Sozialverband VDK und viele andere örtliche Beratungsstellen.
Nutzung Internet

Seiten z. B. Stiftung My Handicap, Sozialverband VDK
Facebook - hier gibt es viel Austausch von pflegenden Angehörigen beifolgenden mir bekannten Gruppen:

Initiative gegen Armut durch Pflege
www.armutdurchpflege.de
www.facebook.com/@Armut_d_Pflege

Pflegende Angehörige
Deutsche Alzheimer Gesellschaft e V Selbsthilfe Demenz
Wir pflegen NRW- Stimme der pflegenden Angehörigen
Werner Schell Pro Pflege Selbsthilfenetzwerk
Pflege am Boden NRW steht auf
Kornelia Schmidt – pflegende Angehörige
Ich finde es wichtig ein Netzwerk zu haben, denn hier findet ein reger Austausch statt und so manches vermeintliche Problem kann vielleicht durch einen kleinen Tipp beseitigt werden.

Herstellung und Verlag:
BoD - Books on Demand, Norderstedt
ISBN 978-3-7431-5946-4